O 625
Pf

C.

ITINÉRAIRE
DE L'ESPAGNE
ET DU PORTUGAL.

ON TROUVE CHEZ LE MÊME LIBRAIRE

LES OUVRAGES SUIVANS :

ITINÉRAIRE COMPLET DU ROYAUME DE FRANCE, 6ᵉ édition, augmentée des routes de poste de Paris aux principales villes de l'Europe; 2 vol. in-8º, avec deux grandes cartes.   — 20 fr.

ABRÉGÉ DUDIT, 8ᵉ édit.; 1 volume in-12, avec une carte.   6 fr.

ITINÉRAIRE DE L'ITALIE, 9ᵉ édit.; 1 vol. in-12 avec trois cartes.   6 fr.

MANUEL DU VOYAGEUR EN SUISSE ; par *Ebel*, traduit de l'allemand, 8ᵉ édit.; 2 vol. in-12, ornés de cinq vues et de la carte de *Keller*.   8 fr.

ITINÉRAIRE DE L'ALLEMAGNE ET DES PAYS-BAS, par *Reichard*, 5ᵉ édit.; 1 vol. in-12, avec carte.   6 fr.

GUIDE DES VOYAGEURS EN EUROPE, par *Reichard*, 12ᵉ édition; 3 vol. in-12, avec 11 Panoramas des curiosités des capitales de l'Europe, et 1 Atlas de 7 cartes. 25 fr.

— *Idem*, sans Atlas.   18 fr.

VERSAILLES. — IMPR. DE DUFAURE,
Rue de la Paroisse, nº 21.

ITINÉRAIRE
DE L'ESPAGNE
ET DU PORTUGAL,

CONTENANT:

1° DES INSTRUCTIONS sur la manière de voyager dans ces pays;

2° L'INDICATION des *Relais de Poste* sur toutes les routes fréquentées par la Poste, les Courriers et les Diligences;

3° LA TOPOGRAPHIE ou DESCRIPTION exacte des vues, sites, lieux pittoresques et remarquables par leurs productions, industrie, commerce, monumens, *curiosités* de la Nature et de l'Art; le tout extrait de BOURGOING, LABORDE, ANTILLON, ETC.

SIXIÈME ÉDITION,

Soigneusement revue, corrigée et augmentée d'un APERÇU GÉOGRAPHIQUE de ces pays, donnant une analyse très-détaillée, et traduite de *l'espagnol*, du Précis de géographie physique et politique de DON ISIDORE ANTILLON;

ORNÉE D'UNE CARTE ROUTIÈRE.

GUIDE INDISPENSABLE AUX VOYAGEURS, ÉTRANGERS, CURIEUX.

PARIS.

HYACINTHE LANGLOIS PÈRE, GÉOGRAPHE,

RUE SAINT-ANDRÉ-DES-ARTS, N° 60.

ITINÉRAIRE

DE L'ESPAGNE

ET DU PORTUGAL.

ITINÉRAIRE
DE L'ESPAGNE
ET DU PORTUGAL,

CONTENANT :

1º Des Instructions sur la manière de voyager dans ces pays ;
2º L'Indication des *Relais de Poste* sur toutes les routes fréquentées par la Poste, les Courriers et les Diligences ;
3º La Topographie ou Description exacte des vues, sites, lieux pittoresques et remarquables par leurs productions, industrie, commerce, monuments, *curiosités* de la Nature et de l'Art ; le tout extrait de Bourgoing, Laborde, Antillon, etc.

SIXIÈME ÉDITION,

Soigneusement revue, corrigée et augmentée d'un Aperçu géographique de ces pays, donnant une analyse très-détaillée, et traduite de l'*espagnol*, du Précis de géographie physique et politique de DON ISIDORE ANTILLON ;

ORNÉE D'UNE CARTE ROUTIÈRE, D'APRÈS LOPÈS ET TOFINO,

GUIDE INDISPENSABLE AUX VOYAGEURS, ÉTRANGERS, CURIEUX.

PARIS,

HYACINTHE LANGLOIS PÈRE, GÉOGRAPHE,

RUE DE BUSSY, Nº 16,
près celle de Seine-Saint-Germain.

M. DCCC. XXVII.

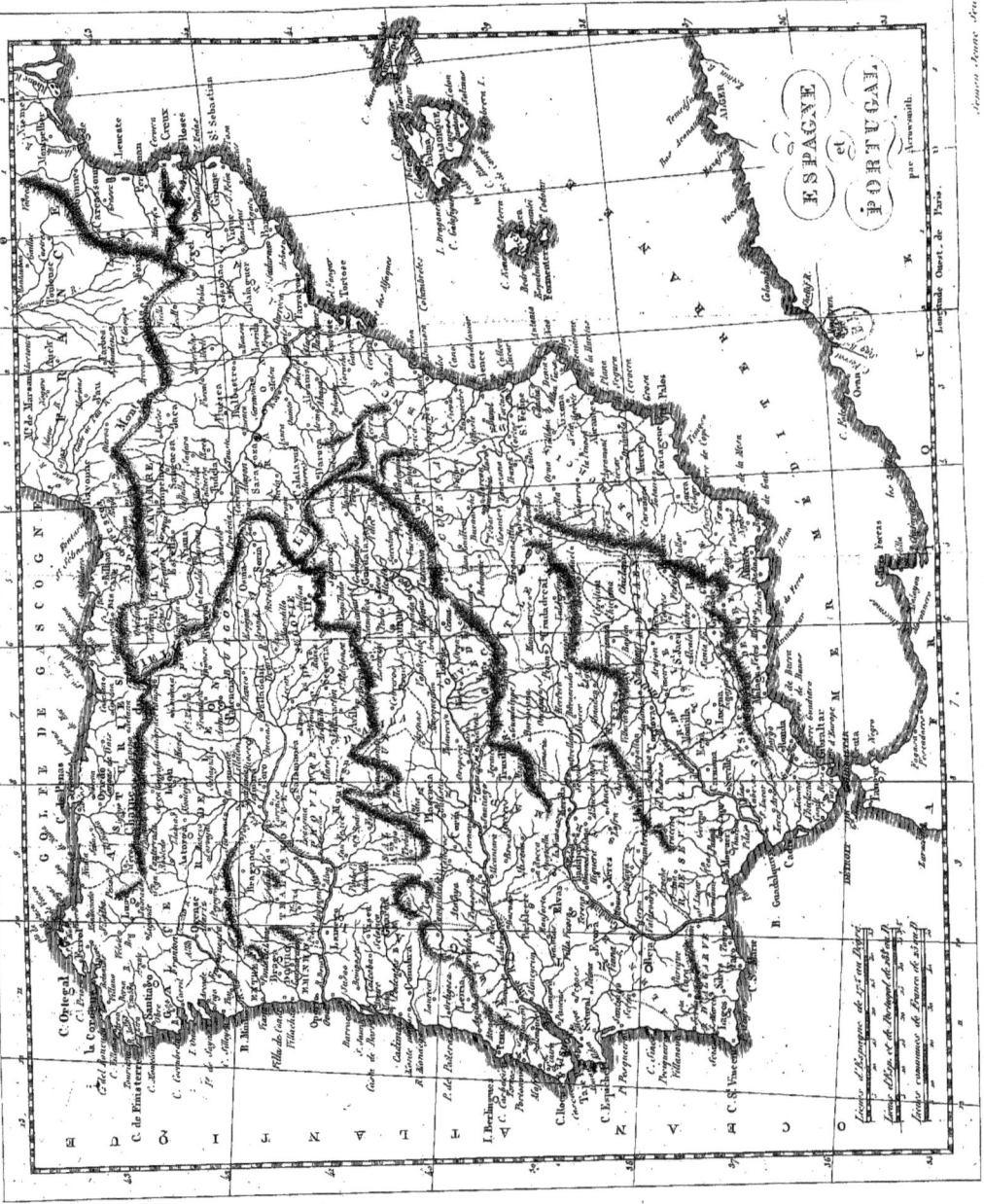

ESPAGNE
et
PORTUGAL
par Arrowsmith.

Longitude Occid. de Paris.

Échelle d'Espagne de 1½ en lieues.
Lieue d'Esp. et de Portugal de 20 au d.
Lieue commune de France de 25 au d.

ITINÉRAIRE

DE L'ESPAGNE.

PREMIÈRE PARTIE.

MANIÈRE DE VOYAGER.

État des postes, voituriers, notes instructives, et remarques qui intéressent les voyageurs dans leur tournée.

DE 27 routes que nous décrivons pour l'Espagne, il n'y en a que 10 de poste montées pour les voitures, savoir : 1° celles de Bayonne à Madrid, par Vittoria et Burgos ; 2° de Bayonne à Madrid, par Pampelune ; 3° par Barcelonne et Saragosse ; 4° de Perpignan à Carthagène, par Séville ; 5° de Madrid à Cadix, par Cordoue et Séville ; 6° de Madrid à Badajos, par Talaveyra de la Reyna ; 7° de Madrid à la Corogne, par Lugo ; 8° de Madrid à Santiago, par Orens ; 9° de Madrid à Valence, par Aranjuez, Ocaña, Coral-de-Almouger, la Roda, Albacète, Almanza, et qui, laissant Saint-Philippe sur la droite, passe entre Monteza et Castellon ; 10° de Madrid à Carthagène, par Murcie. Le défaut de voyageurs empêche d'établir des voitures publiques.

Les postes appelées *extraordinaires*, sont, ou des postes à cheval (*monturos*), ou des postes en voiture. Tout voyageur à qui la santé et les forces le permettent, peut, en cas de besoin, courir la poste à franc étrier ; mais il faut nécessairement qu'il parte d'une ville où il y ait un bureau de poste dans lequel il puisse prendre un passeport à cet effet. Sans cette formalité il lui serait impossible de se faire donner au milieu d'une route, par exemple, de Madrid à Badajoz, des chevaux, supposé que l'idée lui en vînt, ou qu'il fût obligé d'échanger sa voiture contre des chevaux de poste. La raison de cette disposition semble provenir d'une sage prévoyance du gouvernement, qui ne veut pas favoriser l'entrée du royaume à des gens suspects, ou peut-être par quelque autre motif relatif à l'organisation des postes, parce que les routes, en grande partie, traversent des montagnes, et que les maîtres de poste ne sont ordinairement que des *venturos* ou des propriétaires d'auberges, disséminés sur le sol de l'Espagne. Mais lorsque l'on produit le passeport de poste dont nous parlons, il est dans l'ordre que l'on soit expédié dans un demi-quart d'heure, à moins que le défaut évident de chevaux n'y mette obstacle.

Les postes sont de deux *leguas* ou de trois *heures*, et elles doivent être faites en trois heures. Les frais, selon le tarif, pour deux chevaux, compris le voyageur et le postillon, vont, par poste, à quatre réaux, ou près de cinq francs de France. Le pour-boire du postillon est de deux réaux; mais il faut toujours donner à ces gens le double, et consentir à leur payer à dîner, soit pour se faire donner les meilleurs chevaux, soit pour éviter les autres suites fâcheuses qu'entraînerait leur mécontentement ou leur mauvaise volonté. Ajoutez à ces faux-frais quelques rafraîchissements nécessaires pour vous, et cela montera, pour chaque poste de deux *leguas*, à dix réaux; mais alors vous irez supérieurement bien, et vous pouvez compter sur des chevaux forts et actifs, qui porteront un porte-manteau de cinquante à soixante livres; et, de plus, vous serez expédié promptement. Si avec cela vous avez une bonne selle de courrier à l'anglaise, vous ferez aisément en deux jours quarante ou cinquante milles (1), ce qui, malgré la célérité de cette marche, ne vous fatiguerait point ou très-peu. Si le voyageur, se sentant incommodé, ou pour toute autre cause, voulait se reposer quelques heures ou une nuit entière, il en serait le maître; mais ceux qui arriveraient dans cet intervalle auraient la préférence sur lui, et il faudrait qu'il se consolât, si, à l'heure, du départ, il venait à manquer de chevaux.

Quant aux postes extraordinaires en voiture, voici ce qui concerne cet objet : La poste est obligée de mener deux personnes, dont le bagage n'excède pas le poids de deux cents livres, avec deux chevaux; et le prix est le même que pour les chevaux simples. Pour une chaise de poste on paie quatre réaux. La taxe du postillon est de deux *réaux*. Il faut donc conter sur douze à treize réaux chaque *legua*; mais alors on va très-vite, et on fait, par exemple, les cent milles de Madrid à Cadix en quatre jours et quatre nuits.

Celui qui ne veut pas courir en poste, se sert de voitures de louage, et c'est l'usage ordinaire. On trouve dans toutes les villes considérables, des voituriers qui, presque tous, sont de Valence, de Murcie ou de Catalogne, et qui conduisent partout les voyageurs; ils vont même jusqu'à Perpignan, Bordeaux et Lisbonne. Ils ont de lourdes voitures à six places, attelées de six mulets, ou des demi-chaises à deux places (*calesinos*), avec un ou deux mulets. Leur journée est de six à huit *leguas*, tout au plus de six milles d'Allemagne, et leurs prix sont en raison du nombre des mulets. On les paie ordinairement deux piastres par jour chacun; mais il faut observer ce qui suit;

---

(1) J'ai conservé dans la traduction le mot de *mille*, qui est dans l'original, *meilen*. Un mille de Saxe fait un peu moins de deux lieues de poste de France (3,800 toises). On ne se méprendra point en comptant deux milles de Saxe à peu près sur le pied de trois lieues et trois quarts de France. (*Note du traducteur.*)

On loue une voiture, soit exprès, soit de retour. Dans le premier cas, il faut payer le voyage jusqu'au lieu où vous allez, ainsi que le retour, ce qui, pour de grandes distances, fait une somme considérable; mais il est rare que l'on soit obligé de louer exprès, parce que, le plus souvent, la plupart des voituriers vont dans les grandes villes par spéculation. Ainsi, dans les auberges considérables de Madrid, Cadix, Seville, Badajoz, etc., on rencontre tous les jours des courtiers de voituriers (*corredores de carruages y coches*) qui ont la liste de toutes les voitures, et qui sont chargés de leur trouver des voyageurs. Il est donc facile d'avoir des *voitures de retour*; alors on ne paie que le simple voyage que l'on fait; mais il faut traiter avec eux de sang-froid, et ne faire aucune attention au conseil des aubergistes ni au cri des courtiers, et insister absolument sur cette condition. Dès qu'ils s'aperçoivent qu'on ne veut pas leur accorder davantage, le voiturier vient lui-même, et cherche à s'arranger avec vous. S'il arrivait, ce qui n'est pas rare, que plusieurs voituriers qui partent pour la même ville, et surtout pour les ports de mer, où ils aiment aller de préférence, se trouvassent sur la place, vous auriez le choix, et pourriez même quelquefois leur faire diminuer leur prix de quelques piastres.

Ainsi donc la *première* règle qu'il faut observer, c'est de convenir qu'on ne paiera pas le retour; la *seconde* est d'éviter d'être trompé sur le nombre de journées. Par exemple, Bayonne est éloigné de soixante *leguas* de Madrid, et on peut commodément faire ce voyage en huit jours. Le prix de six mulets, à chacun deux piastres par jour, monte pour huit jours à quatre-vingt-seize piastres; mais un voiturier de mauvaise foi peut y employer dix journées, soit pour ménager ses mulets, soit pour se faire payer deux journées de plus. Afin d'éviter cet inconvénient, il faut avant de partir prendre des informations exactes, et stipuler avec le voiturier qu'il fera cette route dans un espace de temps raisonnable et convenu, sous peine de perdre un tiers du prix qu'on lui accorde. La *troisième* règle est de ne jamais convenir de donner un liard de plus, ni pour le cocher, ni pour les mulets, pour droits de douanes ou réparations, etc. Si le voyageur s'avise de défrayer les voituriers pour le dîner, ou d'accorder d'autres mulets, le nombre étant toujours fixé à deux, cela monterait par jour à une dépense énorme; on fait donc mieux de leur promettre en général un pour-boire raisonnable, à peu près de quatre piastres. Il ne faut pas non plus convenir de leur payer le tabac, ce qu'ils vous demandent très-souvent. Un voyageur sans expérience regarderait cela comme une bagatelle; mais il ne tarderait pas à éprouver avec quelle effronterie les voituriers abuseraient de son indulgence, et avec quelle libéralité ils feraient, à ses frais, dans toutes les auberges, des provisions à leurs connaissances; ce qui, vu le prix énorme du tabac en Espagne (trois piastres la livre), ne laisse pas que de faire un objet assez important. *Quatrième* règle : comme en payant les six mulets on obtient un droit exclusif sur la voiture, il n'est pas permis au voiturier, sans votre consentement exprès,

de se charger d'une autre personne, même sur son siége ; mais le
voyageur est en droit de sous-louer ou de faire occuper *gratis* les
places vides. *Cinquième* règle : S'il vous prenait envie de vous arrêter en chemin une journée dans quelque endroit, il faut que le
voiturier s'y prête, bien entendu que vous lui payez sa journée ; il
en est de même si vous voulez faire un détour sur tel ou tel endroit;
et dans ce cas trois ou quatre *leguas* seraient comptés pour une
demi-journée. Mais comme il est quelquefois de l'intérêt des voituriers même de faire reposer leurs mulets, on parvient souvent,
dans ces occasions-là, à leur faire diminuer un tiers de la somme.
Sixième règle : Le voiturier est obligé de répondre de chaque
malle ou ballot que vous lui confiez, excepté dans le cas de vol
avec violence. *Septième* règle : En faisant ses conventions pour ce
prix, il ne faut pas oublier d'exprimer la monnaie avec laquelle le
paiement doit se faire ; car, comme à Barcelonne, par exemple,
et à Bilbao, on gagne sur l'argent, ils ont coutume, dans le premier cas, de ne demander que des doublons ou des quadruples, et
dans le dernier des piastres. On doit donc convenir de les payer
avec la monnaie que l'on a sur soi, et ne pas s'engager à changer
exprès pour leur payer l'appoint.

On imagine aisément qu'un voyageur qui va seul ne sera guère
tenté de louer pour lui une voiture à six mulets. On ne se sert de
celles-ci qu'en allant en famille, ou pour des sociétés de voyageurs;
quand on est seul on fait mieux de se borner à une *seule* place.
Dans le cas où le voiturier ne trouve pas à louer en totalité, il
cherche plusieurs voyageurs, et loue alors la première place à raison de trois ou quatre piastres, et les autres pour quelque chose de
moins : ces places sont souvent proposées dans les affiches. Si
donc les deux ou trois premières sont déjà prises, le voiturier,
pour accélérer son départ, vend fréquemment la dernière place à
raison d'une ou d'une demi-piastre par jour. Au reste, les deux
premières places donnent le droit de porter avec soi une malle ;
cependant les voituriers ne font pas difficulté de prendre des por-
te-manteaux, des paquets, etc.

S'il arrive qu'il ne se trouve pas de places particulières, le voyageur peut prendre une demi-chaise (*calesin*) ; sur quoi, par rapport au retour, il faut observer ce que nous avons dit ci-dessus.
On paie alors deux piastres par jour pour un mulet. Si votre bagage est peu de chose, c'est-à-dire, s'il ne passe pas cinquante livres, vous pouvez, pour alléger la dépense, prendre avec vous un
autre voyageur. Pour déterminer le poids permis, il suffit de savoir qu'on compte à raison d'un mulet de trait, sept cent cinquante
à huit cents livres. Les *caleseros* étant ordinairement propriétaires
de leur voiture, et craignant de faire un long séjour dans les grandes villes, on peut fréquemment leur faire rabattre un tiers du
prix; mais il ne faut jamais oublier la précaution dont nous avons
déjà parlé; savoir, de fixer le nombre de journées. Au reste, quelque antique que soit la forme de ces voitures, on y est assez commodément, et l'on arrive en effet plus vite que dans les grandes
voitures.

En général, il faut traiter les *caleseros* et *cocheros* d'une manière toute particulière. Point de dureté ni d'impolitesse, mais aussi point d'égards ou de déférence. Un air sec et sérieux, et des manières tranquilles, égales : de la dignité et une fermeté imperturbable, sont des qualités indispensables pour bien se tirer d'affaire avec cette sorte de *gens*. Au reste, on n'a pas besoin de faire avec eux d'écrit, car, malgré leur caractère grossier, ils sont très-fidèles à leurs conventions. Au surplus, on peut leur signer la somme convenue, et échanger avec eux un double, signé des deux parties.

Si l'on ne veut prendre ni la poste ni des voitures de louage, on peut aller à cheval (*à caballo*), comme disent les Espagnols, même quand ils vont sur des mulets. Alors on loue un mulet avec son conducteur (*mozo de espuellas*, c'est-à-dire, *garçon d'éperons*), et l'on fait la journée ordinaire de six à sept *leguas* assez promptement, attendu que les conducteurs, qui en même-temps font l'office de domestiques, sont ordinairement de très-bons piétons. Le prix d'un mulet est d'une piastre par jour ; quelquefois cependant il est d'une piastre et demie. Alors le conducteur, indépendamment de sa nourriture, a une autre demi-piastre pour sa peine. A l'égard de la nourriture, on n'a qu'à convenir de deux mets ordinaires et d'un *quartillo* (chopine) de vin pour chaque repas : le surplus au gré du voyageur. Cet arrangement est à recommander surtout aux voyageurs qui ne cherchent point à éviter la dépense, et qui aiment à voyager sans aucun embarras ni dépendance. Le conducteur dont nous parlons est ordinairement un compagnon de voyage fidèle et très-agréable, qui connaît parfaitement les routes pour les avoir parcourues nombre de fois. C'est lui qui se charge d'arranger le dîner pour son maître, et qui, par ses relations dans les auberges et la connaissance qu'il a des choses, réduit les comptes à un taux juste et raisonnable. On peut aller avec ces conducteurs de Vittoria jusqu'à Cadix, et l'on ne paie point de frais de retour.

Ceux à qui toutes ces manières sembleraient encore trop coûteuses, peuvent prendre des voiturins (*arrieros*); ceux-ci ont, ou seulement des mulets, ou des voitures. Dans le premier cas, le mulet coûte une *piecetta* la lieue, ou une piastre pour cinq lieues, et le voyageur est en droit de porter son bagage à dix ou onze arrobas, c'est-à-dire, deux cent cinquante à deux cent soixante-douze livres. Alors même on n'a pas besoin d'aller en ligne avec les autres mulets qui marchent ensemble ; mais on prend si l'on veut le devant, pour arriver de meilleure heure aux auberges ; seulement il faut faire attention qu'on ne vous donne pas un mulet boiteux, aveugle ou rétif, ce qui arrive assez souvent ; alors il n'est question ni de retour ni de tout autre faux-frais.

Quant on n'est pas accoutumé à la cuisine espagnole, il est bon de faire en même-temps un marché avec le voiturin ou l'arriero pour le repas, le vin et le gîte, et se reposer sur lui pour le paiement. Alors, pour un voyage de soixante à soixante-dix lieues, on paie en tout seize à dix-neuf piastres, et l'on évite d'être surfait dans les auberges, ce qui est une épargne considérable, car il est tout naturel qu'un voyageur paie trois fois plus que l'arriero, qui fait ce chemin tous les mois, et que par conséquent les aubergistes ont intérêt de ménager.

Cette dernière manière de voyager est celle que je conseillerais, surtout à des minéralogistes et à des botanistes. D'abord les journées sont courtes et lentes, et puis les arrieros passent par les plus hautes montagnes, où les savants trouvent toujours à faire des découvertes. On a encore l'avantage de voyager souvent en grande compagnie; il n'est pas rare de voir aller ensemble jusqu'à trente mulets : on peut donc, si l'on veut, rester en arrière sans danger de s'égarer. D'ailleurs, cette manière n'a rien de déshonorant : c'est celle des ecclésiastiques, des négociants et des hommes comme il faut de tous les états. Il n'en serait pas de même si l'on ne voulait louer qu'un demi-mulet, et aller dans la file avec l'animal à demi-chargé. Alors on paierait comme pour une malle, en raison du poids; et comme l'arroba (vingt-cinq livres), se paie une piastre, une personne pesant à peu près cent vingt-cinq livres (cinq arrobas), paierait pour le même chemin cinq piastres; mais cette manière est si honteuse et si incommode, que l'on a coutume, en Espagne, de dire avec mépris d'un voyageur qui arrive ainsi, qu'il vient *por arrobas*.

D'autres arrieros transportent des marchandises sur des charrettes. On rencontre ceux-ci plus fréquemment dans l'intérieur de l'Espagne, surtout de l'Espagne méridionale, que dans les provinces du nord; cependant, vu l'amélioration qui a eu lieu dans les routes des montagnes, il serait aussi facile qu'avantageux d'introduire cette manière de voyager. Un mulet ne saurait porter au-dessus de trois cents livres, et alors il est déjà très-chargé; mais il traîne près de huit cents livres. Depuis que le transport a été entravé par la guerre, on trouve de ces voituriers de Lisbonne jusqu'à Barcelonne, et de Cadix jusqu'à Bayonne. Ils ont des charrettes à deux roues, attelées de quatre mulets. Elles sont couvertes, et l'on y pratique des siéges très-commodes pour les voyageurs. On paie moins pour ces sortes de voitures, et l'on peut faire ainsi cent lieues à raison de onze ou douze piastres, y compris une grande malle. Comme ils ne font aussi que des journées très-petites et très-lentes, et que, par exemple, les cent lieues de Cadix à Madrid se font en quinze jours, elles seraient encore très-commodes pour les minéralogistes et les botanistes. Ajoutez-y l'avantage de pouvoir dormir la nuit dans la voiture, surtout en été, ce qui, si l'on porte avec soi son matelas, est bien préférable aux lits malpropres et infects des auberges.

En général, il va et revient régulièrement dans toutes les grandes villes, des ordinarios ou des courriers, soit avec des mulets, soit en voiture; par exemple, de Bilbao à Madrid il part régulièrement tous les quinze jours un courrier, et un autre toutes les semaines. De Madrid il part tous les quinze jours des ordinarios pour Malaga, Barcelonne, Badajoz, etc. Chacun a son auberge fixe où il descend, ce qu'il est facile de savoir. D'ailleurs on trouve toujours des indications dans l'*Almanach mercantile*. On manque quelquefois d'occasions pour aller directement de Madrid à Lisbonne; mais on n'a alors que trois lieues à faire de plus de Badajoz à Elvas, qui est la première forteresse portugaise, ou trois autres lieues jusqu'à Estremos, et l'on trouvera une foule de voitures de retour. Au reste, l'ordinario del Rey part tous les mois avec des dépêches de la cour de Lisbonne, et il prend avec lui, à un prix très-raisonnable, les voyageurs qui lui sont recommandés.

Quant à la manière de voyager sur des *borico* ou sur des ânes, voici ce qu'il y a à observer : Quand on ne fait qu'un voyage de quelques lieues, on peut fort bien s'en servir; si le conducteur est du lieu même où l'on veut aller, on ne paie tout au plus qu'un ou deux réaux par lieue. Mais sur une grande route, si l'on voulait louer de village en village un borico exprès, non-seulement on n'en trouverait point, à cause des distances; mais en supposant qu'on en trouvât, il faudrait payer pour aller et venir six réaux chaque lieue. Ajoutez que c'est une manière excessivement incommode : un bât grossier et chancelant, souvent un animal rétif, sans bride ni frein, conduit avec une gaule, et qui à chaque coup qu'on lui donne, fait des ruades, des gambades de côté et d'autre, et jette en bas son cavalier trois ou quatre fois dans l'espace d'une lieue; cela suffit pour dégoûter de cette monture : le meilleur écuyer y perdrait son honneur; je doute fort qu'il vînt à bout d'un pareil caballo, et qu'il fût à l'abri de quelque événement fâcheux.

PIÉTONS. — Voyager seul et à pied, en Espagne, ce serait s'exposer à beaucoup d'inconvénients. Je ne me rappelle point d'avoir rencontré un seul voyageur à pied dans ce pays, excepté dans l'intervalle de deux villages très-proches l'un de l'autre. Des pèlerins, des soldats, des moines, des mendiants, en un mot tous ceux qui ailleurs voyagent à pied, vont ici presque toujours en compagnie d'un *arriero*, ou de quelque voiture. Un piéton qui arriverait seul, courrait risque de ne pas être reçu dans les auberges. Si vous ajoutez à cela les grandes distances entre les différentes villes, et le peu de sûreté des routes, inconvénient qui n'est pas exagéré, on croira sans peine que les voyages à pied ne sont pas, en Espagne, aussi praticables qu'en France ou en Allemagne.

Ce que je viens de dire du peu de sûreté des routes ne doit pourtant pas s'entendre de toute l'Espagne. Il est vrai que les brigandages et les assassinats ne sont pas rares; mais le gouvernement cherche chaque jour, en envoyant des soldats sur les grands chemins à cet effet, à assurer de plus en plus les routes. Au surplus, les voleurs n'attaquent point d'ordinaire les étrangers : leur lâcheté ne s'adresse guère qu'aux marchands espagnols, sur lesquels ils ont déjà des renseignements particuliers, et aux arrieros qu'ils savent chargés de numéraire, etc. Si donc on prend ses précautions dans les auberges, et qu'on ne montre pas indiscrètement son argent, on n'a rien à craindre de leur part. Venons à quelques observations sur les routes.

L'ouverture d'une communication facile entre les différentes provinces et leurs villes respectives, offrait des difficultés infinies. D'énormes montagnes qui les séparent, et dont les accès ont été bouchés dans les anciennes guerres, semblaient devoir confiner les habitants dans les limites de leurs provinces; mais, outre cela, le manque d'industrie et la haine réciproque des diverses provinces y ajoutaient encore d'autres obstacles, et n'encourageaient pas à les surmonter. Dans l'intérieur même des différents pays, la communication des villes entre elles n'était rien moins qu'aisée. Un grand nombre de petits ruisseaux qui tombent des montagnes, et qui, vu les pluies fréquentes dans le printemps et l'automne, inondent partout le pays; des forêts épaisses et inaccessibles sur les montagnes; le terrain marécageux et mal sûr dans les plaines, tout concourait à effrayer les voyageurs étrangers et les nationaux mêmes.

Mais combien serait surpris celui qui ne connaîtrait les routes espagnoles que par les relations fabuleuses de madame d'Aunoi, ou par celle de l'élégant Baretti, s'il les voyait telles qu'elles sont à présent! Il était réservé à quelques sages ministres, et surtout au comte d'Aranda, de ménager cet heureux changement. Peu à peu l'on a vu pratiquer dans la plus grande partie de l'Espagne, des chaussées (*caminos reales*), qui surpassent en plusieurs endroits les chemins d'Allemagne, et même les nouvelles routes de France. Je ne citerai ici que celles de la *Penna de Ordunna*, de la *Sierra de Guadarrama* et de la *Sierra Morena*, et je m'appuierai du témoignage de tous les voyageurs qui ont jugé par leurs yeux. De même, les chemins qui vont de Bayonne à Madrid et à tous les ports de mer, sont excellents, si l'on en excepte celui de Barcelone, qui, en différents endroits, à cause des difficultés presque insurmontables, a quelque chose d'horrible. Plusieurs routes dans la Vieille-Castille, par exemple, après Burgos et dans l'Aragon, sont encore susceptibles de beaucoup d'améliorations; mais, comme je l'ai dit, en général les chaussées de l'Espagne ne laissent rien à désirer. Des routes bien percées, larges, soutenues dans les ravins par des murs, des ponts superbes et solides, l'indication des lieux, tout s'y trouve.

Si ces raisons que je viens d'indiquer empêchaient jadis de voyager, comment pouvait-on s'attendre à trouver des auberges? Même après qu'on eut ouvert les routes, les voyageurs, en raison du long éloignement des villes, effet de la dépopulation, avaient encore de la peine à trouver des gîtes à des distances convenables. Il a donc fallu construire des *ventas*, c'est-à-dire, des auberges isolées (le mot de *posada* ne s'appliquant qu'aux hôtelleries qui sont dans les grands endroits), et il en est résulté qu'on a aujourd'hui, toutes les trois ou quatre lieues, soit une *venta*, soit un endroit où se trouve une *posada*.

En général, il est vrai que les auberges espagnoles sont tout-à-fait différentes de celles de France, etc.; et un voyageur accoutumé à ces dernières, ne peut manquer de les trouver insupportables; mais il faut les prendre selon les usages espagnols. Le nombre des voyageurs n'est pas assez grand dans ce pays pour que les aubergistes puissent rien avoir de préparé d'avance; c'est pourquoi les voyageurs ont coutume de porter avec eux leurs vivres, ou d'en faire provision sur les lieux mêmes, de manière que les aubergistes se bornent au vin, à l'huile, au vinaigre, au pain, et à d'autres articles de première nécessité. Vous pouvez imaginer aisément à quoi un étranger qui voyage doit s'attendre. Toutefois on lui procurera, sans grande difficulté (excepté dans quelques cas très-rares), de la viande, des œufs, du poisson, etc., surtout dans une posada.

Il y a plus d'inconvénients dans les ventas, où le ventero, ordinairement peu fortuné, est obligé d'aller chercher ses vivres, sujets à se gâter, tels que la viande; le poisson, etc., à des distances de trois ou quatre lieues. Si donc il y a eu le soir des étrangers, et que le messager ne soit pas de retour, on est exposé à ne trouver le lendemain que du pain, du vin, et tout au plus quelques œufs; mais il ne faut pas tirer de cela une conséquence générale. La plupart du temps on trouvera dans les ventas et dans les posadas, tout ce qu'il faut pour la vie.

Quant aux chambres et aux lits, ils sont tout au plus passables dans les posadas des villages; mais dans les posadas ou ventas des grandes villes, on a lieu d'en être content. On trouvera de larges lits où, en cas de besoin, trois personnes peuvent dormir; des matelas, ainsi que des draps, et des couvertures propres; enfin le voyageur n'a rien à désirer à cet égard. Les ventas sont ordinairement des bâtiments vastes et solides, avec des écuries, hangars, jardins spacieux, etc.; elles sont presque toujours situées sur des hauteurs, ce qui donne aux appartements beaucoup d'air et une superbe vue. À Valence j'ai trouvé des ventas que l'on pourrait comparer aux belles maisons de campagne de la Suisse.

La dépense varie beaucoup dans ces auberges: on y taxe toujours le voyageur d'après sa voiture, son extérieur, et la cherté locale des denrées. On s'est beaucoup plaint des auberges espagnoles à cet égard; cependant il y a beaucoup à dire en leur faveur. D'abord, les provisions, surtout le pain et la viande, ont considérablement augmenté de prix en Espagne; ensuite les aubergistes paient des droits énormes aux églises, aux particuliers et aux hospices, aux couvents, auxquels ces auberges appartiennent, ou dont ils ont l'usufruit. De quoi subsisteraient donc ces gens-là avec leurs familles, s'ils ne comptaient point sur les étrangers? D'après une évaluation moyenne, on paie pour un lit trois ou quatre réaux; pour un plat de viande avec légumes, etc., quatre réaux; pour une chopine de vin, même lorsqu'il est plus cher, deux, et souvent un réal; pour le séjour que l'on fait dans la maison, soit que l'on y passe une ou deux nuits (*de casa*), un réal; en gratification à la fille (*por alfieres*, pour des épingles), quelques quartos.

Celui qui veut voyager en Espagne avec fruit, doit au moins entendre l'espagnol, pour le parler en peu de temps. De même on voyagera avec peu de satisfaction, si l'on ne tâche de s'accoutumer à la cuisine de ce pays, et de se contenter d'aliments froids, ce qui au reste, et surtout dans un climat aussi chaud, est la chose la plus convenable pour la santé. Dans ce cas, le voyageur peut faire une économie considérable, s'il prend avec lui ses vivres dans les bonnes auberges, et ne paie dans les mauvaises que son réal de casa. Il est agréable de porter avec soi son nécessaire. On y joindra une bonne et vieille bota qui ait déjà servi, ou une outre de cuir, parce que dans certains endroits on trouve toujours du vin meilleur ou moins cher que dans d'autres.

Pour ce qui concerne la religion, je conseillerais fort à un voyageur protestant de ne regarder le culte que comme une affaire de police qu'il faut respecter, et de se prêter dans l'occasion à ce qu'il exige. Il est vrai que, dans ce dernier temps, l'inquisition est devenue presque un simple tribunal des mœurs; ainsi aucun protestant paisible n'est inquiété pour sa croyance : les Espagnols semblent même s'être affranchis de la haine religieuse, et commencent à devenir plus tolérants. Cependant rien n'est plus aisé, en observant quelques cérémonies bien vite apprises, et en ménageant les préjugés des faibles, de se procurer, sinon de grands avantages, au moins des démonstrations agréables d'estime et de confiance, surtout de la part du beau sexe. Il ne faut donc pas avoir l'air de mépriser ni de négliger la messe, ni les processions, ni les animas. L'homme raisonnable s'abstiendra en général d'ouvrir la bouche à ce sujet : la prudence lui défend de jeter un ridicule sur des choses pour lesquelles la majorité du peuple a de la vénération.

Quant à la saison pour voyager en Espagne, je crois que l'époque la plus commode est depuis avril jusqu'en octobre. *Townsend*, il est vrai, donne la préférence à l'hiver pour les provinces méridionales, à cause des chaleurs; mais je ne suis pas de son avis: d'abord les chaleurs sont bien plus grandes dans le cœur de l'Espagne et dans les montagnes du nord que sur les côtes méridionales, où la mer adoucit toujours l'ardeur du soleil, et où les nuits sont presque toujours fraîches. J'ai demeuré en Andalousie dans les mois les plus chauds, savoir, ceux de juillet et d'août, et je suis souvent resté dans les rues jusqu'à onze heures du matin, sans jamais éprouver de coup de soleil ou aucun autre accident. D'ailleurs, dans les provinces méridionales de l'Espagne, les pluies fréquentes qui règnent pendant l'hiver, rendent cette saison très-incommode pour voyager; ajoutez-y la brièveté des jours, un ciel couvert, et l'ennui des longues soirées dans des *ventas* et des *posadas* isolées. Quand on voyage du nord de l'Espagne au midi, on s'accoutume peu à peu au climat; et si, dans les mois de chaleur, on voyage en l'ancienne manière espagnole, le matin et le soir, on a peu à souffrir de la chaleur, et l'on jouit de tous les agréments du pays dans les trois meilleures saisons.

Quant au numéraire, il faut observer qu'il n'y a que la monnaie du pays qui ait cours en Espagne. Cependant, maintenant on trouve à se défaire encore de la monnaie de France, quoique avec perte. Ainsi, le meilleur moyen est de prendre à Bayonne des pièces espagnoles ; ce qu'on fait, sinon avec bénéfice, au moins sans perte. Lorsqu'en 1797 je passai au printemps à Bayonne, je changeai mes écus de six livres de France contre des doublons espagnols, à un et demi pour cent de gain, à cause de la rareté des uns et de l'abondance des autres. En France et en Italie on a beaucoup de bénéfice à se servir de piastres ; mais en Espagne il est défendu de les exporter : celui donc qui n'a pas d'autres facultés, doit prendre un *billet de permission* (il perd alors quatre pour cent) ; mais malheureusement on ne permet de sortir des piastres que jusqu'à la concurrence de soixante-dix pièces : ainsi, lorsqu'on a des sommes plus considérables, on se trouve bien embarrassé, à moins d'avoir recours aux banquiers.

Je terminerai par quelques observations sur les voyages par mer en Espagne. Quand des pays du nord on veut aller dans cette contrée, la meilleure chose à faire, selon moi, c'est de s'embarquer sur le *Sund* ; on y trouve presque toujours des bâtiments, et l'on peut, à son choix, aller au port le plus voisin de l'Espagne, savoir, Saint-Sébastien ou Bilbao. Le naulage et la nourriture reviennent à peu près à cinquante piastres. En partant de Hambourg, dans la bonne saison, on trouve tous les mois des vaisseaux qui vont à Bilbao, et l'on paie pour la nourriture et le naulage, trente à quarante piastres ; il ne manque pas non plus de vaisseaux à Amsterdam.

Si l'on part de la France, on trouve de temps en temps, à Nantes et à Bordeaux, des vaisseaux pour Bilbao, qui vous y mènent à raison de dix ou douze piastres, et même à moins, non compris cependant la nourriture. De Bayonne il part en été, presque toutes les semaines, pour Bilbao, un de ces bâtiments de transport, qu'on appelle *chasse-marée*. Il en coûte douze livres de France, ou tout au plus deux piastres et demie. Il n'y a qu'un inconvénient, c'est que ces bâtiments, à cause de la barre, se trouvent quelquefois arrêtés au port pendant vingt ou trente jours, ce qui occasione un retard désagréable. Si l'on part d'Angleterre, on trouve toujours des vaisseaux à Londres et à Bristol pour Bilbao ou tout autre port ; de même, si l'on va d'Espagne en Angleterre, on en trouve à Bilbao. On paie le naulage avec la nourriture, quarante ou cinquante piastres. Si l'on se rend à Cadix, ou de Cadix en Angleterre, on fait mieux de s'embarquer sur le grand paquebot (*paket-boot*), qui va de Lisbonne à Falmouth (*V.* l'article du Portugal).

Si l'on veut aller d'Italie en Espagne, on peut s'embarquer en droiture de Gênes à Barcelonne, parce qu'il part et revient tous les mois de ces deux ports plusieurs bâtiments, et en temps de paix, tous les quinze jours, des *pakets-boots* aux ordres du roi. On paie, pour être au *fond* ou dans la *cahute*, selon les conventions, quatre ou même six piastres ; pour la nourriture ordinaire des matelots, quatre autres piastres ; pour manger avec le capitaine, vingt piastres. Le voyage le plus court dure trois jours ; le plus long va à dix-huit. On peut aussi s'embarquer à Marseille, où il vient souvent des vaisseaux italiens : on y trouve aussi plusieurs bâtiments de Marseille même, de Trieste, Naples, etc., qui vont à Barcelonne.

Je désire que ces observations soient utiles à ceux qui voyageront en Espagne ; je jouirai de la douce satisfaction d'avoir rempli le but que je me suis proposé.

TABLEAU

DES POIDS, MESURES ET MONNAIES.

—

POIDS.

Le marc royal de Castille est le seul dont on fasse usage pour peser les matières d'or et d'argent.

MARC DE CASTILLE POUR LES MATIÈRES D'OR.

Marco.	Castellanos.	Tomines.	Granos.
1	50	400	4,800
	1	8	96
		1	12

MARC DE CASTILLE POUR LES MATIÈRES D'ARGENT.

Marco.	Oncas.	Ochavas.	Adarmes.	Tomines.	Granos.
1	8	61	128	384	4,608
	1	8	16	48	576
		1	2	6	72
			1	3	36
				1	12

Le karat a 4 grains, le grains 8 particules. Le marc de Castille contient 4,796 as, poids de Hollande. Le poids de Castille est généralement d'usage pour toutes sortes de marchandises, excepté dans les villes de Valence, d'Alicante et de Barcelonne.

Quintal.	Arrobes.	Livres.	Onces.
1	4	100	1,600
	1	25	400
		1	16

Libra.	Marcos.	Oncas.	Drachmas.	Adarones.	Escrupulos.	Granos.
1	2	16	128	256	384	9,216
	1	8	64	128	192	4,608
		1	8	16	24	576
			1	2	3	72
			—	1	$1\frac{1}{2}$	36
					1	24

La livre de Castille = 459,4 grammes.

Le quintal-*mocho* équivaut à 6 arrobes ou 150 livres. L'arrobe équivaut à 23 livres ¼ de Hambourg.

MESURES LINÉAIRES ET DE CAPACITÉ.

L'aune ou *vara* a 2 pieds 4 palmes 36 poulgades 48 dèdes, ou 375,9 lignes de l'ancien pied de Paris, = 836,6 millimètres; 53 varres répondent à 65 aunes de Brabant, et 100 varres à 148 aunes de Hambourg.

Les mesures des liquides d'Espagne sont les arrobes *mayor* et *menor*. L'arrobe *mayor* ou *cantavo* se divise en 8 azumbres et 32 quartilles; trente de ces arrobes font une botte; l'arrobe *mayor* doit peser 34 livres d'eau courante, et contenir 794 pouces cubes. On ne se sert de l'arrobe *menor* que pour mesurer les huiles. L'arrobe *menor* pèse 26 livres 9 onces, et contient 620 pouces cubes de France.

On mesure les choses sèches au *fanega*; le *fanega* contient 2,881 pouces cubes.

Last.	Casizel.	Fanegas.	Celemines.	Quartilles.
1	4	48	476	2,304
	1	12	144	376
		1	12	48
			1	4

55 ½ fanegas répondent à 1 last de Hambourg.

MONNAIES.

On compte généralement dans ce royaume par réales ou réaux de vellon, qui se divisent en 32 maravédis. La proportion établie entre les monnaies d'or et d'argent, par la pragmatique du 17 juillet 1779, est d'un marc d'or pour 16 marcs d'argent; 1,000 piastres pèsent 116 marcs 3 grains.

Les espèces d'or sont le quadruple ou once d'or, appelé en espagnol *doblon de ocho*, *onza de oro*, ou vulgairement *medalla*; le demi-quadruple, ou *media onza*. Le quadruple a cours pour 320 réaux = 80 livres, ancien argent de France; le demi-quadruple à proportion.

Le *doblon de oro*, ou pistole d'or, et le demi-doblon, ou demi-pistole. Il a cours pour 80 réaux = 20 livres, et le demi-doblon à proportion.

Les quadruples et les pistoles portent cette légende du côté de l'écusson: *Auspice Deo in utroque felix.*

2

Le petit écu d'or ou *veinten*, ou vulgairement *durito*, fabriqué antérieurement à l'année 1786; il a cours pour 21 réaux 8 maravédis = 5 liv. 6 s. Ce même petit écu, fabriqué en exécution de la pragmatique du 21 mars 1786, a cours pour 20 réaux = 5 liv. Il diffère du premier en titre et en poids, et en ce que l'écusson des armes est ovale.

Les quadruples et les pistoles, indépendamment de la légende indiquée, ont d'autres marques qui les distinguent. Elles sont placées à droite et à gauche de l'écusson, entre cet écusson et le cordon de la Toison d'or; savoir : sur le quadruple un 8 et un S; sur le demi-quadruple un 4 et un S; sur la pistole un 2 et un S, et sur la demi-pistole un 1 et un S.

Monnaies d'or anciennes qu'on ne frappe plus dans les états du roi d'Espagne, mais qui y ont encore cours.

Noms.	Valeur.	
La pièce de 4 pistoles coupée, *onza cortada*...............	321 réaux	6 maravédis.
Demi - pièce , *media onza cortada*........	160	—20
Pistole d'or coupée....	80	10
Demi-pistole d'or coupée..............	40	5

Comme leur forme les rend susceptibles d'être échancrées sans que cela soit apparent, on ne les admet qu'en les pesant, sauf à diminuer de leur valeur dans la proportion de ce qui manque à leur poids. Il y a encore des pièces d'or de chacune de ces quatre espèces, antérieures à l'année 1772, qui, quoique cordonnées, sont aussi dans le cas d'être pesées. On les distingue en ce qu'au lieu de l'effigie du roi, elles portent une croix.

Les espèces d'argent sont : la *piastre*. La *piastre d'Espagne*, appelée *peso sencillo*, est une monnaie fictive, servant au change; elle vaut à peu près 3 fr. 75 cent. nouvelle monnaie de France; mais celle d'Amérique est une monnaie d'argent, appelée *piastre forte*, *piastre gourde*, ou *peso duro*, *peso fuerto*, ou vulgairement *duro*; elle a cours pour 20 réaux = 5 liv. ancienne monnaie de France, = 4 fr. 90 cent. nouvelle monnaie; la demi-piastre à proportion. Les piastres frappées dans l'Amérique, la plus grande quantité au Mexique, ont pour signe, d'un côté l'écusson d'Espagne entre deux colonnes, et de l'autre une guirlande de laurier autour de l'effigie du souverain. On distingue la demi-piastre par cette lettre et ce chiffre, R-4, placés sur le champ de la pièce, l'un a droite et l'autre à gauche de l'écusson.

La piécette, *pezeta columnaria*; la demi-piécette, et le *realito columnario*. La piécette a cours pour 5 réaux = 1 liv. 5 s. = 1 fr. 25 centimes, nouvelle monnaie de France; la demie à proportion; et le *realito columnario* a la moitié de la valeur de la demi-piécette. On ne fabrique ces trois espèces qu'aux Indes. Elles sont cordonnées, et portent d'un côté l'écusson d'Espagne, et de l'autre deux globes surmontés d'une couronne, et placés entre deux colonnes.

Le *réal* fait à peu près 5 sous ou 20 centimes. Pour réduire en francs ou livres de France une somme énoncée en réaux, il suffit d'en prendre le quart.

La piécette ordinaire, la demi-piécette ordinaire, ou *réal de plata*, et le *realito* ordinaire. La piécette ordinaire a cours pour 4 réaux = 1 liv. = 98 centimes nouvelle monnaie de France; la demi-piécette à proportion; le *realito* ordinaire, pour un réal de plata, ou 34 maravédis = 3 sous. On ne fabrique ces trois espèces qu'en Europe; elles portent les mêmes empreintes que les piastres qui y sont frappées. L'écusson de la piécette est placé entre la lettre R, au-dessous de laquelle est le différent de monnaie, et le chiffre 2. Le chiffre de la demi-piécette est 1.

Les monnaies de cuivre qui ont cours, sont de quatre espèces; savoir : la pièce de *deux quartos*, qui a cours pour 8 maravédis, ainsi que l'annonce le chiffre 8 placé du côté de l'effigie.

Le *quarto*, dont la valeur exprimée par le chiffre 4 placé du côté de l'effigie, est la moitié de celle de la pièce de 2 quartos.

L'*ochavo*, dont la valeur exprimée par le chiffre 2, est la moitié du quarto.

Le *maravédis*, dont la valeur exprimée par le chiffre 1 placé du côté de l'écusson, est égale à 3 den. $\frac{3}{4}$ argent de France.

On distingue les monnaies espagnoles fabriquées en Europe, de celles qui viennent des Indes, par les différentes marques des trois hôtels des monnaies établis en Espagne, qui sont : pour Madrid, une M surmontée d'une couronne; pour Ségovie, les armes de la ville, composées d'un petit aqueduc à deux étages; et pour Seville une S. Le différent de la monnaie de San-Jago de Chili, est aussi une S; mais elle est accompagnée d'un petit °, ainsi que l'm, qui est le différent de la monnaie du Mexique, est surmontée d'un petit °. Depuis plusieurs années l'hôtel de Ségovie ne frappe plus que des monnaies de cuivre.

Il y a des monnaies idéales; savoir : la *pistole simple*, valant quatre piastres simples; la *piastre simple*, dont nous avons déjà parlé, et qu'on appelle *peso sencillo*, valant 15 réaux; l'*écu de vellon*, valant 10 réaux de vellon; ou la moitié d'une piastre forte; le *ducat*, valant 11 réaux.

Les billets royaux ou *vales reales* furent émis dans la guerre d'Amérique, par Charles III. Vers le milieu de 1796 il y en avait en circulation pour 1,490,000,000 de réaux; et ces billets perdaient 10 à 12 pour 100 sur la frontière, et 6 à 8 dans la capitale. En 1800 ces billets perdaient 25 pour 100. On leur avait donné un cours forcé en 1799.

Sur l'exportation des piastres, et sur le numéraire étranger, voyez plus bas les remarques de M. *Fischer*, à l'article sur la *manière de voyager*.

TABLEAU DES VILLES.

CADIX, port de mer. Lat. N. 36° 32' 0". Long. E. 8° 37' 37".

ÉDIFICES REMARQUABLES, CURIOSITÉS. — Les principaux sont : la
douane neuve, le magasin des grains, l'hôpital royal des troupes
de terre et de mer, et plusieurs autres ; l'académie des gardes ma-
rines, la salle des spectacles, les deux cathédrales, la vieille et la
neuve. La première se distingue par la richesse de ses vases sacrés
et par son trésor ; l'église des capucins (on y admire l'Ecce Homo-
de *Murillo*) ; l'hospice : en 1787 on y soignait 834 pauvres ; l'observatoire royal, la Muralla, la Plaza de la mar. Elle a un collège,
une école de génie, une de navigation, une de chirurgie, une de
dessin, un jardin botanique et un observatoire. Les groupes différents, les petites échoppes des marchands et vendeurs forment un
très-beau coup d'œil. De prétendues colonnes d'Hercule, dont
on voit encore les ruines, étaient deux tours rondes de maçonne-
rie, qui, suivant les apparences, servirent de moulins à vent.

FABRIQUES, MANUFACTURES. — Elles consistent en poudre, re-
tecilles, cigarres, tabac en poudre ; salines à l'entour de la baie.
On vend dans la plupart des villes d'Espagne, et surtout à Cadix,
des vases d'une sorte de terre blanche que l'on remplit d'eau, et
à travers lesquels elle se filtre jusqu'au point d'être entièrement
purifiée. Cette terre s'appelle *barro*.

AUBERGES. — Posada de las Palomas, près de la porte de la mer ;
Posada de las quatro Naciones. La première est pour les voyageurs
riches, et l'autre pour les gens d'une fortune médiocre, qui se bornent à une piastre ou à une demi-piastre par jour pour leur dépense. Au reste on a à Cadix en abondance, des vins, des liqueurs,
de la viande, des restaurants, et des vivres de toute espèce. Les
vins spiritueux de Rota, Xerès, Malaga, Manzanilla, etc., sont
au plus bas prix (18 à 20 sous la pinte). Il y a des caveaux pour les
glaces (*neverias*), que tiennent ordinairement des Italiens ; mais
l'eau ordinaire est détestable ; et il faut acheter à un sou le verre,
de l'eau de neige, *aqua de nieve*.

PROMENADES. — Ce sont les remparts les plus beaux et les plus
larges qu'on puisse voir ; à l'O. un petit cours très-fréquenté le soir.

FÊTES, AMUSEMENTS. — On voit des combats de taureaux depuis
Pâques jusqu'à la fin d'octobre, 3 ou 4 par mois. Les théâtres italien, espagnol : toutes les places sont numérotées, et il faut nécessairement qu'on occupe celle du numéro indiquée par le billet.
Ce qui attire surtout les belles et vives Andalousiennes aux théâtres, ce sont de petites comédies (*Sagnetas*) et des danses (*Boleros*)
assez lubriques. Au sortir des spectacles, qui finissent ordinairement à dix heures et demie, on va se promener au cours jusque
vers minuit. Assemblées, bals, concerts. Les parties de plaisir que
l'on fait à *Chiclana*, endroit charmant, à quatre lieues de Cadix.
La plus grande partie de cette ville consiste en maisons de plaisance des habitants de Cadix. On fait des promenades en voiture.

MÉLANGES. — Il y a un superbe cabinet de lecture, appelé *Camorra*, établi dans l'ancienne salle d'opéra. L'air de Cadix est très-salubre, excepté quand le Solano, ou le vent africain, souffle. La vue de Cadix surpasse tout ce qu'on peut dire d'une situation agréable. Cette ville s'élève sur une presqu'île ronde; et on croit voir, en la regardant de loin, une table ornée d'un magnifique dessert. Sa beauté augmente extrêmement par la couleur des maisons, qui sont ou couleur de paille ou blanches. Outre cela elles ont de petits cabinets de plaisance et de petites tours sur les toits plats, ce qui donne un aspect tout nouveau, et est la cause qu'on ne peut cesser d'en jouir. La mer forme ici un des plus beaux golfes de l'Europe; dans sa plus grande largeur il ressemble au lac de Genève, entre *Nyon* et *Thonon*. Les plus belles maisons ont la vue sur la mer, et ces petites tours érigées sur des toits plats, qui sont ornés de vases à fleurs, en rendent la vue tout-à-fait unique : on voit d'un coup d'œil un port rempli de vaisseaux, les plaines de l'Andalousie, les montagnes de Grenade, qui ne le cèdent point en hauteur à celle du Jura et de la Suisse; la mer, et une ville dont les toits ressemblent à un jardin. Le commerce était extrêmement actif dans ce port : l'exportation pour l'Amérique espagnole monta, en 1792, à 260 millions de réaux, et l'importation à 700 millions.

Cadix a été fondée par les Tyriens, qui l'ont nommée *Gadir* ou *Gadis*. L'an 206 avant Jésus-Christ les Romains s'en emparèrent, l'agrandirent, et firent construire l'arsenal. En 1596 elle fut prise et pillée, par les Anglais, qui, en 1626 et 1702, tentèrent vainement de la reprendre. En 1800 ils la bombardèrent. Elle devint le lieu d'assemblée des cortès en 1809; et les Français la tinrent bloquée jusqu'en 1812. En 1823 les cortès s'y étaient retirés avec le roi d'Espagne; elles furent forcées de la rendre au duc d'Angoulême, qui l'avait bloquée, et s'était emparé du *Trocadero* et de plusieurs autres points fortifiés. Cette ville a encore 70,000 habitants quoiqu'elle ait été plusieurs fois dépeuplée par les épidémies, et notamment en 1800.

MADRID, capitale de l'Espagne, sur la rive gauche de *Manzanarès*, dont les bords sont couverts d'arbres de haute futaie, et qui arrose des bocages et des vergers touffus. Pop. 168,000 hab.; on y compte 9,000 maisons.

Cette ville est située presque au centre de l'Espagne, au milieu d'un terrain inégal et sur quelques collines de sable. Les rues bien alignées sont pavées en silex, avec de larges trottoirs en pierres carrées pour les gens à pied. Les fontaines publiques fournissent aux habitants de Madrid une eau pure, légère et saine.

CLIMAT. — La température de Madrid n'est ni très-froide ni excessivement chaude. Le froid ne s'y fait vivement sentir que lorsqu'il y règne les vents secs du Nord, et la chaleur n'y devient trop fatigante que dans quelques jours d'été. En général le climat est sain et salubre.

ÉDIFICES REMARQUABLES, CURIOSITÉS. — Le palais neuf; c'est là que réside le roi. On y voit le célèbre tableau de *Raphaël*. Basmo de Sicilia : ce palais est riche en tableaux précieux ; voyez *Cumberland, catalogue of the several paintings in the Kings of Spain's palace*, etc. London, 1787. Les douze glaces du salon de los Reynos sont peut-être les plus grandes qui existent en Europe : on les a fondues à San-Ildefonso. Le palais neuf est vraiment un palais royal : c'est peut-être le plus magnifique qu'il y ait en Europe. On distingue encore l'église de Sainte-Isabelle, où l'on trouve quelques beaux tabeaux d'*Espagnolette*, surtout l'Ascension ; l'église de Saint-Pascal, l'église de Saint-Isidore : elle appartenait ci-devant aux jésuites ; l'église de Saint-François-de-Sales, l'église de Saint-Martin, où est enterré *Dom Juan*, le compagnon de voyage de *Dom Ulloa*, et de M. de *la Condamine*, pour déterminer la figure de la terre ; le couvent de las Descalzas reales ; un grand nombre de beaux tableaux de main de maître ; un Charles V, par *Titien* ; un Tobie, par *Rembrand*, etc. ; l'hôpital de Flandre ; l'église de las Salesas ; le maître-autel, le tombeau du roi Ferdinand, la coupole, etc. ; le couvent de Saint-Philippe, dit el real, l'un des plus beaux morceaux d'architecture que l'on trouve dans Madrid ; les prisons de cour, l'un des édifices les plus réguliers et les plus imposants ; le palais des conseils, la douane, l'hôtel de poste (cet édifice est l'ornement de la belle place du sol) ; l'église des dominicains, où l'on publiait les sentences aux jours d'auto-da-fé ; maison des orphelins, le magnifique pont construit sur le Mançanarès ; le palais des ducs d'Albe, de Berwick ; la place Major, la place célèbre, la Puerta del sole, où aboutissent les rues les plus vivantes ; la rue de San-Luis, la calle Mayor et celle de San Hieronymo. Cette place, le centre de Madrid, sert de point de ralliement à tous les habitants et à tous les gens d'affaires.

INSTITUTIONS DE BIENFAISANCES. — On remarque deux associations charitables sous le nom de Real Hermandad de Nuestra Sennora del Refugio et de la Esperanza. Les aumônes de la première montaient, en 1798 seul, à 748,629 réaux ; celle de la seconde, à 74,949 réaux. Le mont-de-piété, la maison des Enfants-Trouvés, trois hôpitaux, où l'on soigne 19 à 20,000 malades. L'hôpital général est le plus beau, le mieux situé et le mieux distribué de tous les établissements. On y donne asile aux hommes de toutes les nations et de toutes les classes.

COLLECTIONS, CABINETS. — On distingue le médailler du roi ; la collection des chartes de l'académie d'histoire ; le cabinet royal et public d'histoire naturelle (les beaux tapis que l'on admire dans le palais d'Albe, ont été achetés à l'encan des meubles de l'infortuné Charles Ier d'Angleterre. Ces tapis furent des premiers qui se firent en Flandre, (sur les dessins originaux de Raphaël) ; les bibliothèques du collège et des couvents de Saint-Martin et de Saint-Philippe ; les beaux tableaux dans les couvents et églises des carmes déchaussés de las Salesas, de Saint-Paschalis, de Saint-Isidore ; l'arsenal du palais neuf. On y montre aux curieux la cuirasse de la reine Isabelle, les épées de Pélage, du Cid, de Roland, de Bernard del Carpio, de François Ier, etc., la cuirasse de Montézuma; les armures les plus rares et singulières des Incas, etc.; il serait trop long de décrire en détail tous les articles vraiment curieux que renferme cette précieuse galerie; la bibliothèque choisie, la collection d'armures, le cabinet d'antiques et les tableaux de Vandik, d'Espagnolette, etc., etc., dans le palais du duc de Médina-Cœli; les tableaux et le portrait de Giordano, et plusieurs autres chefs-d'œuvre de peinture, dans le palais du duc de Santistevan. Les tableaux de Rubens, et deux batailles avec des figures en coque de perles, remarquables par l'exactitude du costume, chez le duc de l'Infantado. La Vénus de *Corrége*, la sainte Famille de Raphaël, le portrait du grand Albe, par Titien, et plusieurs autres tableaux dans le palais du duc d'Albe; la collection de tableaux de Guercins, de Teniers, de Giordans, de Vandik, de Tristan, chez le prince Tio et chez le duc de Medina-Sidonia; la collection d'émeraudes du marquis de Sonora.

PROMENADES, VUES. — Le Pardo, si fameux dans les romans espagnols : les allées sont coupées par trois rues. La première vue du Pardo, à commencer de la *calle di Alcada*, est superbe : on peut dire la même chose de la vue qui est du côté de la rue de San-Hieronymo. — Le jardin de *Retiro*; c'est surtout la classe distinguée qui semble affectionner ce jardin, parce qu'il y règne liberté entière de costumes, et surtout parce que les femmes sont toutes obligées de se dévoiler à l'entrée. Quant aux hommes, il existe pour eux une loi qui n'a rien de gênant; c'est d'ôter en entrant leur chapeau quelques secondes : les sentinelles y veillent soigneusement. — *Paseo de las delicias*, des allées et un grand pré le long du *Mançanarès*, surtout le dimanche. — *Madrid* présente *trois vues* principales : l'une du côté du chemin de San-Sébastien; la seconde sur les hauteurs devant la porte d'Alcala; la troisième sur un coteau devant la porte de Ségovie. La dernière semble la plus belle à un juge très-compétent, M. Fischer.

ÉTABLISSEMENTS LITTÉRAIRES ET UTILES. — On distingue l'université, le collége royal ou les estudios reales; real seminario de nobles, real escuella veterinaria; treize académies royales, academia española, de la historia, de las nobles artes, medica, de Derecho español, de Derecho con el titulo de Carlos III, de jurisprudencia pratica, de jurisprudencia teorico-pratica, de sagrados canones, de Derecho civil, de Derecho patrio, de theologia latina; la société des amis du pays, *la Junta de damas, unida a la Sociedad*; le jardin botanique, la caisse d'escompte, la direction de los cingo gremios, etc.

FABRIQUES, MANUFACTURES. — De chapeaux fort estimés, de tapisseries, de draps, d'étoffes de soie, de broderies, de marchandises de modes; des salpêtrières, la fabrique de porcelaine à *Buen-Retiro*; la belle manufacture de glaces à *Saint-Ildefonse*. Elle fournit les plus grandes glaces que l'on connaisse en Europe. On y vend aussi d'excellents couteaux et rasoirs.

AUBERGES, PAINS, VINS. — A la Croix de Malte, bonne auberge

d'Alcala. Elle offre en même temps la meilleure *fonda*, c'est-à-dire le plus fameux restaurateur de Madrid. M. Townsend ne dépensa que 7 livres par jour, y compris le dîner, le souper et le logement. Il n'y a point de table d'hôte. Le pain et l'eau sont excellents à Madrid. Il y a différentes sortes de pain : le plus fin se nomme *pan candial* sous la forme de petites couronnes ou de chapeaux carrés ; il charge l'estomac qui n'y est pas accoutumé : *pan frances*, il tient le milieu entre le premier et le pain français, mais surpasse de beaucoup ce dernier en blancheur. Outre celui-ci, il y en a encore de trois autres sortes. Le vin qu'on boit ordinairement est le *vino de la Mancha* (la pinte à 44 deniers), surtout celui de *Valdepennas* et de *Manzanarès*. On trouve encore des vins de liqueur, *vinos generosos*, dans les magasins où se vendent les vins fins : c'est là qu'il faut s'adresser pour boire purs et sans mélange du *Malaga*, du *Xerès*, des vins des *Canaries*, etc.

CAFÉS. — Fontane d'oro. Si Madrid est peut-être le lieu de l'Europe où l'on prend le meilleur café, la Fontane d'oro y excelle surtout, et on y trouve de plus une gazette, *el Diario de Madrid*, et la gazette de *Londres*; mais la nation semble peu goûter ces espèces de rassemblements si fréquentés dans les autres pays de l'Europe.

GUIDE, PLAN. — Calendario manual y Guia de Forasteros. Madrid, 1801, 8. — Madrid a la visita : ô description general compendiosa, que muestra quantos templos, fundaciones religiosas, quartelas barrios, manzanas, calles, casas, edificios, tiendas, y operarios, contiene, arreglado el dia 10 de deciembre de 1797 (chez tous les marchands d'estampes).

SPECTACLES, AMUSEMENTS. — Comédie espagnole; combat de taureaux (le prix des places est de 2 ou 4 réaux jusqu'à une piastre forte : c'est le plus d'ombre qui fait la différence des prix); les Tertullias, les refresco, espèces d'assemblées de jeu, de conversation ou des goûtés; des bals, des concerts. (Aux bals, chaque espagnole danse deux menuets : le premier avec le *cortéjo* ou son cicisbée; le second avec quelque étranger. Elle ne danse les contredanses qu'avec le *cortejo*).

ENVIRONS. — Visitez Buen-Retiro, dépouillé aujourd'hui de ses ornements; la *Casa del Campo*, maison royale située aux portes de Madrid; *el Pardo*, à 2 lieues de Madrid : c'est dans les bosquets du Pardo que Philippe IV trouva la belle duchesse d'Albuquerque, sa maîtresse, dans les bras du duc de Médina de la Torés. On y montre le berceau où, sans un page, il les eût poignardés tous les deux. L'*Escurial*, distant de Madrid de 7 lieues : son palais, ses tableaux, ses ornements, ses statues, ses vases, ses colonnes, dont rien n'égale la richesse ni la beauté, ont coûté des sommes prodigieuses. La sépulture des rois s'appelle le *Panthéon*. A la lueur d'une lampe qui brûle toujours et noircit tout, on voit les tombeaux, les bas-reliefs, on lit les inscriptions. Les vingt-six caisses sont de bronze, et contiennent les corps des souverains et souveraines; quelques-unes sont encore vides et prêtes à recevoir leur dépôt. L'église est vaste et belle; le plafond du chœur est peint à fresque par *Luc Cambiasi*. Ce peintre s'est placé lui-même dans le ciel, à la droite du Père éternel. Philippe II mourut devant le maître-autel; on montre la place où il expira : une balustrade l'entoure; il est défendu d'en approcher. Le peuple est persuadé que son ombre vient toutes les nuits rôder et gémir dans les corridors du couvent. C'est à l'Escurial que sont rassemblés tous les chefs-d'œuvre des arts : par ex. la Madonna del Pez, par Raphaël. La bibliothèque est belle, et renferme des manuscrits précieux. Tous les livres sont placés en sens inverse, le dos en dedans; usage qui vient d'*Arias Montanus*, dont la bibliothèque a servi de fondement. Il y a un petit ouvrage qui peut servir de guide : *Compendio de las Grandezas del Real Monasterio de San-Lorenzo del Escorial; Madrid*, 12. L'eau de l'Escurial passe pour être excellente. En quittant Madrid pour aller à l'Escurial on suit, par un chemin superbe et très-agréable, les bords du Manzanarès; c'est le seul côté de la ville où l'on jouit de quelque verdure. On a soin d'arroser le chemin pour le rendre plus frais; et quoique ce soit par un procédé un peu long, puisque ce sont des enfants qui vont puiser de l'eau dans la rivière, et qui viennent la répandre sur la route au moyen de plusieurs petits seaux, durant l'espace d'environ 1 lieue, il ne faut pas en savoir moins de gré à ceux qui, de manière ou d'autre, ont cherché à abattre la poussière qui règne dans ce canton. On traverse une partie de la forêt du *Pardo*, où les daims et les faons en troupe viennent paître et bondir presque sur le chemin, qui est toujours beau, varié et bien entretenu. — La *Chartreuse;* la maison, isolée au milieu d'une plaine, est bâtie en briques et entourée d'un mur et de sycomores. — *Aranjuez;* la ville d'Aranjuez ne ressemble pas mal à Potsdam : le Tage traverse les jardins, et les embellit à son tour; les jardins d'Aranjuez sont parés de tout ce que le règne végétal offre de plus beau : on y trouve de longues allées de saules pleureurs et de *catalpes*, des eaux, des sites et des vues charmantes; c'est un séjour enchanteur, de l'aveu de tous les voyageurs. Le palais est remarquable par l'élégance de son architecture. Belle avenue d'ormes d'Aranjuez à Madrid. Les 8 lieues de chemin sont marquées par 17 bornes de pierre.

MÉLANGES. — L'examen par les officiers de la douane, à l'entrée de Madrid, est très-rigoureux, surtout par rapport au tabac. Quand on a fait plomber à la frontière ses malles, et quand les passeports ne marquent point qu'on est commerçant, on est expédié plus vite. Madrid renferme 506 rues et places, 7,398 maisons, 30,745 familles, 15 paroisses, 16 collèges, 15 portes de granit, 66 monastères, 18 hôpitaux, 5 prisons, 6 ermitages hors de la ville et grand nombre de chapelles. Le cinquième volume du *Viage de España*, par Antoine Ponz, traite de la ville de Madrid. Depuis une heure jusqu'à trois de relevée les rues de Madrid sont désertes; les marchands ferment leurs boutiques, les artisans quittent l'ouvrage, et tout le monde va se coucher; car, de temps immémorial, la sieste est de mode en Espagne. Jamais une espagnole, de quelque rang qu'elle soit, ne sort à pied sans être voilée. On nomme ce voile la mantilla : c'est un mantelet de mousseline ou un schal. La basquine est une longue jupe noire de soie ; les dames de tous les rangs portent la basquine et la mantille quand elles vont à la messe. Presque toutes les femmes espagnoles ont le son de voix d'une douceur admirable. C'est l'élégance de la taille, c'est la beauté des yeux, mais surtout c'est la finesse, c'est la magie du regard, dit le marquis de Langle, qui distinguent les femmes de Madrid ; et c'est à Madrid où l'homme qui craint d'aimer, doit dire le plus souvent aux jolies femmes qu'il connaît : « Je » vous en prie, ne me fixez pas ! » Dans les villes principales l'office de *cortejo* ou de serviteur de madame est communément échu aux chanoines ou aux officiers de la garnison. Rien ne surpasse la beauté des nuits à Madrid ; mais la ville est bâtie sur du sable. A moins qu'il ne pleuve on est, en arrivant, étouffé de poussière. Des perroquets et des singes à presque toutes les fenêtres ; une vue très-longue, très-spacieuse ; le bruit des cloches ; une infinité de tours, de flèches, de maisons à six, sept, huit étages ; une porte superbe (la porte d'Alcala), de très-beaux balcons, etc., rendent l'entrée de Madrid vraiment imposante. Il n'y a point de fiacres à Madrid ; mais des carrosses de remise à huit ou neuf livres de France par jour, et des calèches ou brouettes traînées par un homme, à vingt sous ou une *piécette* par course. Le *fandango* est une danse très-voluptueuse, mais il faut qu'il soit bien dansé. L'usage des cheminées est presque inconnu à Madrid ; on y supplée par des *brazeros* ou brasiers portatifs. On jette dans ces brasiers je ne sais quel bois, ou graine ou poudre ; mais cela sent bon. Les compliments espagnols ne sont point variés, et n'ont point changé depuis l'expulsion des Maures. Dans une assemblée de cent personnes chacun s'aborde maintenant comme on s'abordait alors, en se disant : *Me allegro de ver che usted sta bueno* : et l'on répond : *Viva usted muchos, anos, mille anos.* Jamais le mot *Dòn*, si commun dans les livres où il est question des Espagnols, ne se place devant un nom propre ; c'est toujours devant le nom de baptême que suit alors le nom propre : autrement on dit *Monsieur*, si 'on n'emploie que le nom de famille. Chaque quartier de Madrid est soumis à l'inspection d'un commissaire de police qui juge en dernier ressort les querelles de la populace. Les Maures apportèrent la guitare en Espagne : c'est l'instrument favori des Espagnols ; elle sert de truchement aux amants, qui vont tous les soirs soupirer sous les fenêtres de leurs maîtresses, et pincer de la guitare.

En 1808, le roi Charles IV et son fils Ferdinand, après leur entrevue à Bayonne avec Napoléon, furent par l'ordre de ce dernier arrêtés et détenus en France jusqu'en 1814. Ferdinand, après l'abdication de son père, remonta alors sur le trône ; il règne sous le nom de Ferdinand VII. Cette ville fut bombardée et prise en 1808 par Napoléon. Dist. 106 lieues E. de Lisbonne, 280 S.p.O. de Paris, 300 S. de Londres, 300 O. de Rome. Lat. N. 40° 24'57". Long. O. de Paris. 6° 2' 0".

DEUXIÈME PARTIE.

ITINÉRAIRE DES ROUTES.

N° 1.

Ire ROUTE DE BAYONNE A MADRID

PAR VITTORIA, BURGOS ET VALLADOLID.

Noms des relais.	Leguas ou l. esp. (1)	Noms des relais.	Leguas ou l. esp.
Uriate	2	*Report*..........	57 ½
Saint-Jean-de-Luz	2	Villaodrigo..........	4
Irun..................	3	Torrequemada.	4
Oyarzun..............	2	Banos..............	3
Urnieta	3 ½	Venta de Trigueros ...	3
Tolosa *..............	3	Valladolid *.........	4
Villafranca	3	Valsequillas..........	4
Villaréal..............	3	Olmédo..............	4
Bergara	2	Belleguillo...........	2
Mondragon...........	2 ½	Nova de Coca	2
Salinas..............	2	Sta-Maria de la Nieva..	2
Gamboa..............	2	Garcillano...........	3
Vittoria *.............	2	Ségovie *............	2
Puebla de Arganzon ...	3	Otero..............	3
Miranda *............	3	Guadar..............	2
Poncorvo.............	3 ½	Guadarrama	2
Briviesca.............	4 ½	Galapagar	3
Monasterio *..........	3 ½	Porte del Retamar...	2 ½
Burgos *.............	4	Abulaguas...........	2
Celada..............	4	Madrid *.............	2
	57 ½		111

(1) La lieue d'Espagne, de 17 lieues et demie au dégré, vaut un tiers de plus que celle de France ; ainsi il faut 3 lieues et demie pour 5 de France.

TOPOGRAPHIE.

On traverse la *Bidassoa*, rivière qui sépare la France de l'Espagne. On passe à *Irun*, et ensuite à *Hernani*, jolie ville située dans une vallée fertile arrosée par l'*Oria*. Ici la route se divise en deux branches : celle qui est à la droite conduit *à Saint-Sebastien*, ville et port situés sur le rio *Urumia*, est agréable, et a beaucoup souffert dans les guerres de 1808 à 1813. Les Français la prirent en 1823 après un long siége. Sa population a beaucoup diminué. Pop. 12,000 hab. L'autre est celle de *Tolosa*. Une perpétuelle variation de sites distrait le voyageur.

* Tolosa, petite et jolie ville, située dans une agréable vallée, sur les rivières d'*Oria* et d'*Araxes*; on y passe la dernière sur un beau pont défendu par une tour. Il s'y tient un grand marché tous les samedis. On y fabrique toutes sortes d'ouvrages en fer battu et étamé, des sabres, des armes à feu, des cuirs, peaux et corroieries. Il s'y trouve une très-bonne auberge. Pop. 4,200 hab.

En quittant Tolosa on parcourt de belles campagnes bien entretenues et productives. On arrive à *Alegria*, petite ville au pied du mont *Aldaba*, sur la rive gauche de l'*Oria*, où il y a des fabriques de fusils et d'armes blanches. L'on y fait aussi des instruments de labourage.

Ansuela. Peu de temps après avoir quitté le village, le chemin se partage en deux nouvelles branches; on continue à parcourir celle de la gauche; l'autre conduit à *Durango*, sur la route de *Bilbao*.

D'ici à *Vittoria* la route est très-agréable, et le grand nombre d'habitations, soit villages ou maisons de campagne qui se touchent, ressemblent à une longue rue.

* Vittoria est une jolie ville de la Biscaye, située sur la *Zadarra*, dans une belle plaine; il s'y fait un commerce considérable. A Vittoria il faut faire viser son passeport quand on veut entrer dans la Castille. La grande place ferait honneur même à une ville plus considérable. Pop. 6,000 hab.

En sortant de là ville on passe la rivière d'*Arrienza* sur un pont de pierre, et l'on entre dans une superbe plaine de 4 lieues de longueur sur 2 $\frac{1}{2}$ de largeur. Elle est fertile et bien cultivée. On y compte jusqu'à 300 villages et hameaux. On la parcourt dans sa longueur. On traverse les petites villes de la *Puebla* et d'*Arminon*, et une heure après on arrive à

* Miranda de Ebro, ville au milieu de laquelle une colonne de marbre, avec une inscription, désigne les limites de l'*Alava* et de la *Vieille-Castille*. Elle a un beau pont de huit arches sur l'*Ebre*, et une place ornée de fontaines.

En sortant de cette ville on franchit les montagnes d'*Occa*, chaîne élevée et longue, une des ramifications principales des Pyrénées-Espagnoles ou monts *Cantabres*, qui court dans la partie septentrionale de l'Espagne.

On commence à gravir la montagne la plus élevée de cette chaîne, appelée *Pancorvo* : on entre dans une gorge affreuse, formée par deux montagnes très-élevées, dont les cimes se recourbent et se rapprochent; il n'y a que 12 pas de largeur sur 50 de longueur. Nouvelles montagnes à franchir près d'Occa.

Dans une vallée voisine de la ville de Bribiesca, on voit deux lacs profonds, en forme de puits, d'environ 30 pas de tour, appelés dans le pays *Pozo Blanco* et *Pozo Negro*. En quittant cette ville, vallée très-peuplée et fertile en grains; montagne. L'on arrive à

* Monasterio, village renommé par la bonté de ses fromages.

* Burgos, grande et ancienne ville d'Espagne, chef-lieu de la province du même nom et de la Vieille-Castille, au confluent de la *Vena* et de l'*Arlanzon*, sur une colline, est le siége d'un archevêché et des autorités. On y distingue l'hôtel-de-ville, le palais Velascos, un arc de triomphe élevé en l'honneur de Ferdinand Gonzalès; la cathédrale, dont l'intérieur est richement décoré, la porte Santa-Maria, la rue qui mène à la cathédrale, une belle place avec un portique et des édifices élégants, les fontaines nombreuses, des couvents et hôpitaux dans le joli faubourg de Bega, bien peuplé; une promenade charmante, des jardins bien arrosés. Cette ville, irrégulièrement construite, a des rues très-escarpées, renferme de belles églises avec des peintures et mausolées dignes d'attention, surtout celle de Saint-Paul, d'une belle architecture gothique; le magnifique hôpital destiné aux pèlerins de St-Jacques de Compostelle, un collége, une école des beaux-arts et plusieurs institutions scientifiques. On y commerce en couvertures de laine, flanelles, molletons, bas de laine, grosses étoffes, laines estimées de la Vieille-Castille pour l'étranger. Elle fabrique draps, couvertures de laine, burats, flanelles. L'*Ebre* et le *Douro* prennent leurs sources près de là. Napoléon remporta aux environs, en 1808, une victoire mémorable sur les Espagnols. Les Français la prirent en 1808; et en 1812 ils y soutinrent un grand siége contre l'armée anglaise réunie, qui y perdit 6,000 hommes, et fut forcée de se retirer. Dist. 37 l. N.N.E. de Valladolid, 28 O.S.O. de Vittoria, et 54 N. de Madrid. Lat. N. 42° 20′ 59′. Long. O. 5° 59. 0″. Pop. 10,000 hab.

En sortant de Burgos on côtoie la rivière d'*Arlanzon* jusqu'à Valladolid; presque toute la route n'offre qu'une plaine nue.

* Valladolid. Cette ville a 14 ponts de pierre sur un bras de l'*Esgueva*, un grand pont de dix arches sur l'Eresma : son territoire produit de bon vin. Son université est très-célèbre. On remarque l'ancien palais des rois d'Espagne, la chancellerie royale, la grande plaine nommée *el Campo grande*, qui vient d'être plantée d'arbres. Cette ville contient 15 églises, deux beaux tableaux dans l'église des Dominicains de St-Paul. Dans le couvent de *Fuensaldagna*, à 1 l. de la ville, on voit trois des plus beaux tableaux de Rubens. Pop. 22,000 hab.

Peu après cette ville on passe le *Douro* sur un grand pont de pierre, puis l'*Adaja*.

Ségovie, située sur un rocher immense et entre deux vallées profondes, a des fabriques d'étoffes de laine. On remarque sa cathédrale et son château ou Alcazar, jadis habité par les rois Goths. Le plus beau monument et le plus solide de l'antiquité, qu'on remarque dans cette ville, est un aqueduc qui fournit l'eau dans ses différents quartiers; il commence à 50 pas de la ville; il a 730 pieds de long et 161 arches, dont on en voit en quelques endroits trois l'une sur l'autre. Pop. 8,000 hab.

Après *Adanero*, plaine rocailleuse et inculte en grande partie, on passe l'*Almanza* sur un superbe pont de pierre.

Avant le village d'Espinar, magnifique chemin fait sous Ferdinand VI, par où l'on franchit la montagne de *Guadarrama*, qui sépare les deux Castilles; passage escarpé, difficile et dangereux; auprès de la montagne est la *Venta* du même nom, bonne auberge construite avec soin. Au sommet est élevé le monument en l'honneur de Ferdinand VI; c'est un lion de marbre porté sur une colonne; vous jouissez de cette élévation de la plus vaste et de la plus belle perspective. En entrant dans la Nouvelle-Castille l'on paie un droit pour l'entretien de la route.

Madrid, *voyez* page 17.

COMMUNICATION

DE MIRANDA A BILBAO, 14 lieues.

TOPOGRAPHIE.

Bilbao, belle et riche ville, dans une belle plaine, à 2 l. de la mer, sur la rive droite de l'*Ansa*, est la résidence des autorités civiles et militaires. On y distingue de belles maisons, des rues bien pavées, l'hôtel-de-ville, la boucherie, avec une fontaine, une place et un quai magnifique, la promenade, le pont de bois d'une seule arche et d'une hardiesse surprenante sur l'*Ansa*; les grandes embarcations qui remontent y passent à voiles déployées. Elle a quatre paroisses, des couvents, deux hospices, un collége, plusieurs écoles. Elle commerce en laine. On estime à environ 600 les bâtiments étrangers qui fréquentent son port. Aux environs sont de riches mines de fer. Les Français ont pris plusieurs fois cette ville en 1808, 1809 et 1810. L'air qu'on y respire est très-sain, et le territoire très-fertile. Pop. 15,000 hab.

N° 2.

II⁺ ROUTE DE BAYONNE A MADRID,

PAR PAMPELUNE ET GUADALAXARA.

Noms des relais.	Leguas ou l. sp.	Noms des relais.	Leguas ou l. esp.
Ostariz	2	*Report*	39 $\frac{1}{2}$
Anoa.	2	Zamajon.	4
Maya.	2	Almazan *	3 $\frac{1}{2}$
Berrueta.	2	Adredas	3 $\frac{1}{2}$
Lanz.	2	Lodares *	5
Ostiz.	2	Bujarrabal	2 $\frac{1}{2}$
Pampelune *	2	Torremocha.	2 $\frac{1}{2}$
Otriz.	3 $\frac{1}{2}$	Almadrones.	3
Tafalla *	2 $\frac{1}{2}$	Graganejos.	2 $\frac{1}{2}$
Marcilla	4	Torijo.	3
Valtierra *	3	Guadalaxara *	3
Cintronigo.	4	Venta-de-Meco.	3 $\frac{1}{2}$
Agreda *	5	Torrejon-de-Ardos * . . .	3 $\frac{1}{2}$
Hinojosa.	3 $\frac{1}{2}$	Madrid *	4
	39 $\frac{1}{2}$		83

TOPOGRAPHIE.

La route de Bayonne à Pampelune, qu'on vient de rétablir, est maintenant très-praticable.

Belles entrées des *Pyrénées*, vues superbes, beaux bois de chênes et de châtaigniers. Plus on avance dans les Pyrénées, plus les sites deviennent pittoresques ; quoiqu'on se trouve de temps en temps resserré comme dans un gouffre, et que la vue n'ait souvent pas la liberté de s'étendre à plus de cent toises, la scène est si variée que les idées qu'elle inspire sont quelquefois sublimes et toujours renaissantes. Tous les verts imaginés par la nature sont ici rassemblés et confondus : ces collines paraissent avoir été amoncelées pour le sentiment et la poésie, et cependant elles ne sont habitées que par de noirs forgerons et quelques laboureurs.

On laisse sur la gauche *Saint-Jean-Pied-de-Port*, près d'une source.

Le village de *Ronceveaux*, qu'on laisse sur la gauche, est célèbre par la défaite de *Charlemagne* et la mort du fameux *Roland*. On montre dans le couvent la masse d'armes, l'étrier et la croix d'argent de ce héros des romanciers.

* A PAMPELUNE on loge à l'auberge qui est sur la grande place. Les combats du taureau se donnent sur cette place.

Cette ville forte est située sur une petite éminence dans une plaine fertile, entourée de montagnes très-élevées. La campagne, arrosée par l'*Arga*, est fertile; ses promenades sont fort belles. On y remarque la cathédrale et les fortifications. Pampelune fut assiégé et pris par les Français en 1823. On y conserve un moulin composé de plusieurs rouages qui font tourner cinq meules avec autant de trémies; on peut y moudre 360 quintaux de blé tous les jours. Cette ville a une fabrique de parchemin, une de cuivre, une de gros draps, une de faïence commune. Pop. 5,500 hab.

* TAFALLA. Beau chemin; il continue près de 21 lieues d'Espagne, jusqu'à *Portacillo*. On passe l'*Aragon* non loin du village de *Capareroso*.

Depuis Tafalla le voyageur parcourt des plaines stériles et désertes.

* VALTIERRA, petite ville bien située, possède dans les environs une mine de sel gemme blanc exploitée. Elle a une principale galerie d'environ 400 pas de longueur, et plusieurs autres collatérales, d'environ 80 pas.

* La douane d'AGREDA visite et plombe les effets des voyageurs.

* ALMAZAN, ville dans un bon vignoble, avec un beau pont. Pop. 2,000 hab. On passe le *Douro* sur un pont de pierre : non loin de ce pont il y a une promenade très-pittoresque.

* LODARÈS. Le chemin traverse le sommet d'une haute montagne. Ce sommet forme une plaine vaste et bien cultivée.

* A GUADALAXARA il y a des fabriques de draps et de serges qui occupent plus de 24,000 personnes, et fabriquent des draps très-fins, pour la valeur de 13 à 14 millions de réaux par an. Ceux de première qualité, appelés proprement draps de *San-Fernando*, ne sont taxés qu'à 94 réaux la *vara*; c'est aussi le seul endroit de l'Espagne où l'on fabrique le fameux draps de *vigogne*.

On remarque dans cette ville le palais de l'Infantado, vaste édifice; l'église des Cordeliers, avec un Panthéon. On passe à gué en sortant de cette ville le torrent de *Hénarès*.

En sortant de cette ville, plaine grande et bien cultivée, bornée à gauche par les montagnes qui séparent la Nouvelle-Castille de la Manche, et à droite par celles qui la séparent de la Vieille-Castille.

* TORREJON DE ARDOS. On passe le *Xarama* sur un pont. On peut passer par *Alcala*, en sortant de Guadalaxara. Ce détour n'allonge que d'une lieue, mais la route est plus belle.

* ALCALA-DE-HÉNARÈS, ville à 2 l. de Torrejon, est grande et ceinte de murs flanqués de tours, sur la rive droite de l'*Hénarès*, presqu'au pied d'un demi-cercle de montagnes, avec une célèbre université fondée par le cardinal de Ximenès, qui l'enrichit d'une très-belle bibliothèque. Elle a un château nommé *Apalasso*, une belle place, une superbe rue et quelques beaux édifices, le collége de Malaga, l'ancienne maison des jésuites, le collége du roi, le palais archié-

piscopal, le collége de Saint-Ildefonse, le plus beau bâtiment. Cette ville a une bonne auberge. C'est la patrie du poète A. Solis et de Michel de Cervantes. Pop. 5,000 hab. Son territoire est fertile, agréable et très-bien cultivé.

* La vue de MADRID ne répond point à l'idée qu'on se fait d'une grande ville ; elle offre une forêt de pyramides formée par un nombre prodigieux de clochers ; mais on n'aperçoit pas d'édifices qui, par leur masse, leur étendue, leur majesté, donnent à ce tableau l'ensemble de grandeur et de noblesse qu'on cherche dans la capitale d'un puissant royaume. Avant d'entrer dans Madrid, descente profonde ; après on remonte, et à un quart de lieue, belle avenue qui conduit droit à la porte d'Alcala, par où l'on arrive, et qui est la plus belle entrée. Tout annonce la résidence du souverain : de beaux chemins, de superbes avenues.

Voyez le tableau des villes, page 17.

N° 3.

ROUTE DE BURGOS A SANTANDER.

Noms des relais.	Leguas ou l. esp.	Noms des relais.	Leguas ou l. esp.
Guermeces	4	Report	17
Basconcillos	5	Molledo	4
Canduela	4	Torre la Vega	4
Reynosa	4	Santander *	4
	17		29

TOPOGRAPHIE.

* SANTANDER, ville importante, avec le meilleur port de la côte : les frégates de 40 canons peuvent y entrer à la haute marée. Elle est avantageusement située sur une éminence, et elle fait un grand commerce de laine et de morue, pour l'avantage duquel on a ouvert depuis la ville de Reynosa, une superbe route à travers les montagnes et les ravins. Elle a des raffineries de sucre, des tanneries et brasseries, une fonderie royale d'armes, de bombes. Population, 10,000 hab.

A 3 l. de Santander, SANTILLANA, ville, chef-lieu des Asturies de son nom, dans une situation agréable, près les bords de la mer. Elle est célèbre par le roman de Gilblas, de Lesage. Son vaste territoire est bien cultivé et très-fertile.

N° 4.

IIIe ROUTE DE BAYONNE A MADRID,

PAR ARANDA-DE-DOURO.

Noms des relais.	Leguas ou l. esp.	Noms des relais.	Leguas ou l. esp.
De Bayonne à Burgos...	52 ½	Report.........	73
Sarraçin.............	2	Castillejo............	2 ½
Madrigalejo..........	3	Somosierra..........	3
Lerma...............	2 ½	Buitrago............	3
Bababon.............	3	Cabanillas	4
Gumiel de Izan........	2	Saint-Augustin.......	3
Aranda de Douro *.....	2	Alcobendas	3 ½
Onrubia	3	Madrid..............	3
Fresnillo de la Fuente..	3		
	73		95

TOPOGRAPHIE.

* ARANDA - DE - DOURO, ville fortifiée et assez belle, sur la rive droite du *Douro*, commence à devenir remarquable ; on passe sur un beau pont en sortant de cette ville. On y compte près de 3,000 hab. La campagne y est toujours fort triste, mais assez élevée.

COMMUNICATION

DE FRESNILLO DE LA FUENTE A MADRID, PAR SAINT-ILDEPHONSE,

23 lieues.

* SAINT - ILDEPHONSE, ville de 4,300 habitants, où l'on voit le tombeau de Philippe V, monument imposant par sa simplicité. On remarque le palais, les jardins, et surtout les eaux qui sont sans contredit les plus belles du monde. Il y a quelques points dans les jardins, d'où l'on peut saisir l'ensemble de ces fontaines jaillis-santes, et jouir d'une vue superbe et étendue : 1° le plateau qui fait face à l'appartement du roi. 2° Le grand réservoir ou la *Mar.* 3° Le milieu de l'allée qui occupe la partie supérieure. Elle fabrique des ouvrages en fer et en acier, des toiles de lin et de chanvre. Elle a une verrerie où l'on fait des boûteilles, des verres blancs, et près de laquelle on a établi une manufacture de glaces ; on en fabrique de toutes les grandeurs jusqu'à 135 pouces de haut sur 65 de large.

N° 5.

ROUTE DE PAU A MADRID,

PAR SARAGOSSE ET GUADALAXARA.

Noms des relais.	Leguas ou l. esp.	Noms des relais.	Leuas ou l. esp.
De Peu à Urdoz........	9	Report.........	53
Campfrano...........	3	Rubiercar...........	2
Jaca *..............	3	Cetina............	2
Bermues..............	3	Monréal....,.......	2
Anzánigo...........	2	Arcos..............	3
Ayerbe.............	4	Lodares...........	2 ½
Gurrea..............	5	Bujarrabal..........	2 ½
Zuera...............	3	Torremocha.........	2
Saragosse *.........	4	Almadrones.........	3
Venta de Léon.......	2	Graganejos.........	2 ½
Muela..............	2	Torijo.............	3
La Romera..........	2	Guadalaxara.........	3 ½
Almunia............	3	Venta de Meco.......	3 ½
El Frasno..........	3	Torrejon...........	3 ½
Calatayud *.........	3	Madrid.............	4
Ateca.............	2		
	53		92

TOPOGRAPHIE.

* JACA, ville et siége épiscopal, située dans une gorge des Pyrénées.

* SARAGOSSE (Cœsar Augusta), ville située dans une plaine fertile, sur l'*Ebre*, avec une université, une académie de beaux-arts et un siége archiépiscopal, fait un bon commerce en draps et en soieries. On remarque la cathédrale, les églises, le monument de saint Agram, le pont sur l'Ebre, de 600 pieds, dont une arche de 100 pieds ; l'hôpital, la maison de bienfaisance. Cette ville fut prise d'assaut en 1808 par les Français.

Cette route sert pour plusieurs cités et grandes villes de l'Aragon et de la Catalogne ; elle se fait en poste et à cheval.

* CALATAYUD, grande ville dans une situation agréable, au milieu d'un vallon très-fertile, au confluent du *Xalon* et du *Xiloca*, est assez bien percée, avec 22 places, trois faubourgs, trois ponts, une belle fontaine et quelques édifices, parmi lesquels on remarque l'église du Saint-Sépulcre et le couvent de la Merci. Elle a plusieurs fabriques de savon. On voit sur la porte une tête de Scipion assez bien conservée. Pop. 9,000 hab. Patrie du poète Martial et de Balthasar Gracian, politique célèbre.

COMMUNICATION

DE SARAGOSSE A BARBASTRO, 19 lieues.

* Huesca (Osca), siége épiscopal, ville fort ancienne, qui, du temps des Maures, eut aussi ses petits rois. Elle possède une université et 7,000 hab.

* Barbastro (Bergidune), vieille ville et siége épiscopal, entourée de murailles encore assez bonnes, et dont les environs fertiles ressemblent à un jardin, tant ils sont bien cultivés.

Nº. 6.

Iᵉ ROUTE DE PERPIGNAN A BARCELONE.

Noms des relais.	Leguas on l. esp.	Noms des relais.	Leguas ou l. esp.
La Junquera *	1	Report	16
Figuières *	3	San-Seloni.	2 ½
Bascerra.	3	Llinas.	1
Girone *	3	Moncada.	2
La Mallorquinas.......	4	Barcelone.	1
Hostalrich	2		
	16		22 ½

TOPOGRAPHIE.

On passe par le Boulou, *Bellegarde,* dernier lieu de la France, où on examine les passeports ; on franchit le pont de *Pertuis,* qui sert de limite entre la France et l'Espagne ; on descend les Pyrénées par un chemin superbe qui conduit à la Junquera.

* La Junquera, petite ville et premier bureau des fermes, où l'on visite avec sévérité. On paie un droit énorme lorsqu'on voyage avec sa voiture ; le seul moyen de s'y soustraire est d'avoir une lettre de recommandation.

Après avoir passé cette ville, chemin mauvais et pierreux, coupé de ravins. Vous longez long-temps des montagnes à travers des gorges étroites et profondes. Vous passez la *Muga* sur le pont de Molins de Rey, pour entrer dans l'*Ampurdan* ; vous découvrez une vaste et magnifique plaine, un pays riche et fertile en toutes sortes de productions.

* Figuières. On reçoit dans cette ville la monnaie de France, avec une légère perte de 4 ou 10 sous par louis ; on fera très-bien de l'échanger contre celle du pays, car on perd davantage plus on avance dans l'intérieur du royaume. Passé Figuières, chemin mauvais, boueux et pierreux. On passe à gué la *Fluvia* dans les eaux basses; et lorsqu'elles sont grosses, dans un mauvais bac. Aux pluies et à la fonte des neiges on ne peut la traverser aucunement. Après plusieurs villages on passe le *Ter* sur le *pont Mayor*.

* GIRONE, ville sur le *Ter*, au pied de montagnes escarpées, aujourd'hui démantelée, fut une des places les plus fortes de la Catalogne. Elle avait, jusqu'en 1694, soutenu 22 siéges sans succomber. La résistance que, dans la guerre de 1808 à 1813, elle opposa aux armées françaises, prouve qu'elle était encore digne de son antique réputation. Elle est maintenant bien déchue, et sa population ne s'élève guère qu'à 14,000 hab.

Le reste de cette route, après Girone, par l'intérieur des terres, est affreux, et les auberges détestables; elle n'est suivie que par des muletiers. La poste la fréquente cependant encore. On passe la *Tardera* sur un pont. *Voyez*, pour le reste de la route, la 2ᵉ route ci-après.

Nº 7.

IIᵉ ROUTE PAR LE CHEMIN DE LA MARINE.

Noms des relais.	Leguas ou l. esp.	Noms des relais.	Leguas ou l. esp.
De Perpignan à Girone. *.	16	*Report*.........	25
Mallorcinas	4	Moncade *...........	2 ¼
Hostalrich	2 ½	Barcelone *...........	2
San Seloni...........	2 ½		
	25		29 ½

TOPOGRAPHIE.

DE cette ville à la rivière de *Tordera*, sans pont, le chemin est très-large, mais mauvais; presque tout le pays est inculte. Près de la Granota on passe la Tordera sur un mauvais pont de bois, et quelquefois à gué; mais à la moindre pluie, c'est un fougueux torrent qui dévaste tout.

Les villages de *Malgrat* et de *Pineda* fabriquent des ancres et de l'eau-de-vie, des dentelles et des blondes.

*CALELLA, ville belle et bien bâtie, sur la *Méditerranée*, à l'embouchure du *Gurá*, a des fabriques d'ancres, de blondes, de dentelles et de filets à pêcher. Bonne auberge bien fournie en poisson. Pop. 2,400 hab. Ici on commence à découvrir la côte bien peuplée de la mer qu'on voit toujours jusqu'à Barcelone, ce qui lui a fait donner le nom de *Chemin de la Marine*. Les villages de *Canet de mar*, de *Santa-Maria del mar*, sont aussi industrieux que les précédents.

* Santa-Maria de Arenz ou Arenis de mar, a une école de pilotage, un chantier de construction pour les petits navires, des fabriques d'ancres, de bas de coton, de soie et de toiles de coton.

* Mataro, ville heureusement située sur le bord de la mer, entourée de montagnes. Bonne auberge au Mont-Serrat. Pop. 25,000 hab. Cette ville fabrique indiennes, toiles de coton, dentelles de fil, blondes, savon, bas de soie, de coton, étoffes de soie et de velours, rubans et galons de soie; eaux-de-vie, toiles à voiles, tannerie, torderie de soie. En quittant Mataro un beau chemin côtoie la mer.

* Près de *Moncade* on traverse une petite montagne par une excavation profonde percée pour cette route, et flanquée de deux murailles élevées pour retenir les terres.

Après *San-Andria* ou Saint-André, vous passez souvent à gué le *Bezos*; mais dans les pluies on ne peut le traverser: les débordements et les sables mouvants forment des précipices où l'on peut tomber.

* Barcelone: rues en général étroites et tortueuses; cependant on en voit de larges, telles que le Carrer ampla, ou rue large; et dans la nouvelle ville, celles de Saint-Paul, des Carmes, de Saint-Antoine, et surtout la nouvelle du Cande del Assalto, tirée au cordeau et très-longue. La salle de spectacle est la plus belle de l'Espagne.

On remarque les salons de l'académie des beaux-arts et de l'école de génie; les trois bibliothèques publiques du collége épiscopal, des carmes et des dominicains; le musée, le cabinet d'histoire naturelle; les écoles gratuites des beaux-arts et de la navigation; l'hospice, la bourse, la douane, édifices modernes sur la vaste *Plaza de la mar*; le *palatio* ou palais du gouverneur, le grand hôpital, la célèbre fonderie et la nouvelle manière de forer les canons, inventée par un Suisse, le maréchal-de-camp *Maurice*, etc. Les amateurs des beaux-arts admirent à Barcelone trois tableaux de Mengs, six colonnes cannelées, débris d'un ancien édifice; les restes d'un amphithéâtre romain et d'un bain, une foule d'inscriptions, etc. M. Townsend fait l'éloge des auberges, qui égalent celles de France. Sa dépense ne monta qu'à environ 5 livres de France par jour. La promenade autour de la ville et ses jardins rendent le séjour de Barcelone très-agréable. Les jardins du couvent de Saint-Jérôme sont célèbres à juste titre. On y jouit d'une vue très-étendue. La maison de campagne des dominicains a une fort belle situation. Les promenades du *Muelle de San-Luis* (le plus beau moment est la soirée), de *Passeo nuevo*, de *Passeo de la Rambla* (promenade d'hiver). On va au *Montjuich*, haut rocher avec un château, principalement les dimanches; on y monte par une route escarpée, mais délicieuse; la vue plonge sur la mer, la ville et le port. *Barcelonette* a 13,000 habitants. On compte à Barcelone un grand nombre de fabriques de dentelles, de blondes, de fil, de rubans, de toiles de coton, de fusils, de lames d'épées, de rasoirs et autres ouvrages en acier. On exporte une quantité immense de bouchons de liége, et de liége fin en feuilles. L'entrée est prohibée à tout ce qui est façonné, tel que les habits faits, habits brodés, chapeaux, fleurs artificielles, etc. Le principal café se trouve dans le voisinage du *palatio*. On imprime à Barcelone un almanach pour les voyageurs, ou *Guida de forasteros*.

Cette ville était le centre du commerce de toute la province, et des spéculations commerciales. Avant la révolution on estimait son commerce actif et passif à 20 millions; elle fabriquait en toiles et étoffes de coton, pour 10 millions tournois; elle fait des soieries, telles que taffetas croisés, draps de soie, satins, velours, draps, brocards d'or, broderies en soie, en or et en argent, chapeaux, papier peint, flanelles, molletons, futaines, couvertures, étoffes mélangées coton et et soie, souliers, dont on exporte 700,000 paires par an. Le climat de cette ville est très-humide et malsain. En 1821 et 1822 elle éprouva toutes les horreurs d'une peste terrible causée par la fièvre jaune, et perdit la moitié de sa population, qui s'élevait à 111,000 habitants. C'est alors qu'on vit les médecins français et les généreuses sœurs de Sainte-Camille rivaliser de zèle pour sauver ses habitants. En 1823 Mina s'y défendit vaillamment, et n'en sortit qu'après une capitulation honorable.

N° 8.

ROUTE DE BARCELONE A SARAGOSSE.

Noms des relais.	Leguas ou l. esp.	Noms des relais.	Leguas ou l. esp.
San-Félin	2	*Report*	27 $\frac{1}{2}$
Martorell *	3	Lérida *	2 $\frac{1}{2}$
Frada del Codul	3	Alcarrax	3
Castel-Oli	2 $\frac{1}{2}$	Fraga	3
Igualada *	2 $\frac{1}{2}$	Venta de Fraga	2
El Gancho	2	Candasnòs	2
Penadella	2 $\frac{1}{2}$	Bujaraloz	3
Cervera *	2 $\frac{1}{2}$	Venta de Santa-Lucia	3
Villagrasa	2 $\frac{1}{2}$	Osera	3
Golmes	2 $\frac{1}{2}$	Puebla de Alfindin *	3
Benlloch	2 $\frac{1}{2}$	Saragósse	3
	27 $\frac{1}{2}$		55

TOPOGRAPHIE.

En quittant Barcelone, vous laissez la mer à gauche, et vous trouvez une route belle et large pour les voitures.

Après le village de *Molins de Rey*, vous passez le *Llobregat* sur un pont lourd et solide, appelé *pont de Molins de Rey*.

* San Martorell. Avant d'entrer dans cette ville, on aperçoit
à droite un pont sur le *Llobregat*, de trois arches, très-élevé et
étroit; on l'appelle *pont du Diable*. C'est un ouvrage romain; on
l'attribue à Annibal. La ville située au confluent de la *Noya* et du
Llobregat est petite et mal bâtie. On y fabrique des dentelles et
des blondes; elle a une assez bonne auberge. Près de Martorell
on découvre un arc de triomphe de construction romaine.

Après avoir passé la *Noya* sur un pont de bois, vous apercevez
peu à peu le *Mont-Serrat* dont les voyageurs parlent avec transport,
et qui est célèbre par sa riche abbaye de Bénédictins. Cette montagne est composée d'une masse de cônes immenses qui s'élèvent
les uns au-dessus des autres sur une chaîne de rochers nus et arides, de plus de 3,000 pieds au-dessus du niveau de la mer. On suit
cette montagne pendant 4 lieues, et l'on arrive sans s'en aperce-
voir, à *Pierra*, grand village où l'on voit des chaînes de fer sus-
pendues à la porte d'une maison, signe du séjour d'un roi dans ce
lieu. L'auberge est mauvaise. En sortant, descente rapide. Vous
passez la *Noya* à gué, après, montée rude. Vous traversez pendant
long-temps des montagnes granitiques, arides et incultes. En des-
cendant s'offrent de petits vallons charmants, où la fraîcheur des
eaux, la verdure, les arbres vous enchantent; ensuite de nouvelles
montagnes et plaines, où est située Igualada, à laquelle on arrive
après quatre heures et demie de marche. Dans cette route on côtoie souvent les bords de la *Noya*; quelquefois on suit son lit, on
la traverse à gué une douzaine de fois. Les pluies rendent le chemin
fangeux, difficile et même dangereux.

La route est agréablement variée par la perspective des moulins
à papier, très-multipliés, branche considérable du commerce de
cette province.

*Igualada, ville grande, située dans une plaine fertile en blés
et en oliviers; elle fabrique beaucoup d'armes à feu renommées,
et indiennes. Pop. 12,000 hab.

En sortant de cette ville, chemin assez beau, mais abîmé par
des ornières profondes, puis des montagnes incultes.

* Cervera, petite ville située sur une hauteur considérable par
rapport à Barcelonne, et à l'opposite, est au niveau et à l'entrée
d'une grande plaine magnifique et fertile. Elle est ceinte de murailles qui ont sept portes. Elle possède une université avec cinq
colléges. Ses environs sont fertiles et bien cultivés; ils abondent
en vin, huile, grains et légumes. Après Cervera vous parcourez
la plaine d'*Urgel*; c'est là qu'est la forteresse de *Seu d'Urgel* qui
soutint en 1823 un long siége, et ne se rendit que par famine aux
Français, fertile en blé, vignes et oliviers. Pop. 5,000 hab.

* Lerida. Les environs de cette ville sont florissants et bien cultivés. On y arrive par une belle avenue d'un quart de lieue, faite en
forme de chaussée et plantée de peupliers. On passe la *Segre* sur
un beau pont de pierre de sept arches, et construit sur les ruines
d'un pont romain. Il y a dans cette ville un bureau de douane, un
siége épiscopal où on visite les passeports. Elle a encore la même

situation qu'elle avait sous les Romains. C'est dans ses environs qu'Afranius, général du grand Pompée, battit Jules-César.

Lérida est longue, étroite et mal bâtie. On remarque un beau quai le long de la Sègre, et la cathédrale. Ses environs sont arrosés par des canaux tirés des rivières voisines. Bonne auberge à Saint-Louis. Pop. 18,000 hab.

En quittant cette ville on commence à parcourir des montagnes tristes et arides qu'on a sans cesse devant les yeux.

* Bujalaroz. Les croix de bois que l'on remarque sur les grands chemins sont érigées en mémoire des assassinats commis dans ces endroits. On passe la rivière de *Cinca*, beau pays très-bien cultivé; bons chemins.

* Puebla, belle plaine de l'Ebre.

* Saragosse (Cœsar-Augusta), située dans une plaine fertile, sur l'*Ebre*, a une université, une académie des beaux-arts et un siége archiépiscopal. Elle fait un bon commerce en draps et en soieries. On remarque la cathédrale, les églises, le monument de Saint-Agram, le pont sur l'Ebre, de 600 pieds, dont une arche de 100 pieds; l'hôpital, la maison de bienfaisance. Cette ville fut prise d'assaut en 1808 par les Français. Pop. 40,000 hab.

A l'extrémité et à la droite du village *Alcaraz* on aperçoit une tour carrée, très-antique, garnie de créneaux et de meurtrières. Plus loin on découvre deux blocs en pierre qui servent de limite entre la Catalogne et l'Aragon.

N°. 9.

ROUTE DE PERPIGNAN A VALENCE.

Noms des relais.	Leguas ou l. esp.	Noms des relais.	Leguas ou l. esp.
De Perpignan à Barcelonne, v. page 32....	22 ½	*Report*........	49
Saint-Félin...........	2	Tortose *...........	2
Vallirana	2	Uldecona...........	3
Villapanca.........	3	Vinaroz *...........	4
Vendrell...........	2 ½	Peniscola *.........	1
Torre den Barra......	2	Torreblanco........	4
Tarragone *.........	2	Oropesa	2
Reus *.............	2	Castillon de la Plana *.	3
Cambrils..........	2	Nules	3
Perello...........	6	Murviedro *........	3
Venta de los Ajos......	3	Valence *...........	4
	49		78

De Perpignan à Barcelonne, v. page 32

4

TOPOGRAPHIE.

Les environs de *Tarragone* sont riches, fertiles, superbes, peuplés. Une heure et demie avant d'y arriver, chemin mauvais, fangeux dans les pluies, plein de profondes ornières dans les temps secs, vous passez la rivière de *Francoli* sur un pont de six arches; puis vous avez une ou deux montée pour arriver à Tarragone, situé sur une chaîne de rochers de 760 pieds au-dessus de la mer.

*Tarragone, antique capitale de l'une des plus grandes provinces romaines, a un riche archevêché, des couvents, un aqueduc superbe qui fournit une eau excellente. On y construit depuis long-temps un nouveau port qui sera l'un des plus beaux de la Méditerranée.

* Reus, ville célèbre et riche par ses vins, ses manufactures, ses fabriques d'eau-de-vie et de liqueurs. Elle fait un commerce considérable avec l'étranger, par le port de *Salou*, qui en est éloigné de 9,000 vares.

* Tortose, ville sur l'*Ebre*, a un siége épiscopal, une cathédrale magnifique, une citadelle très-forte et un port excellent. Population, 10,000 hab.

Alfaques, port près de Tortose et de la frontière de Valence. Il est formé par l'embouchure de l'*Ebre*. Il a des salines considérables, et est l'entrepôt du commerce de Tortose.

* Vinaroz, petite ville située sur la *Servol* et sur le bord de la mer, construit des barques de 30, 40 et 50 tonneaux. La côte est couverte de chaloupes et de navires : elle n'a ni port ni rade; c'est une plage découverte : on en exporte des eaux-de-vie. Au sortir de cette ville on passe la Servol presque toujours à sec. Chemin pierreux ; à droite une tour carrée qui indique les limites du royaume de Valence, puis vous passez la petite rivière de *Cenia* sur un beau pont d'une arche.

*Peniscola, forteresse regardée comme imprenable, située sur un rocher escarpé, entouré de la mer de trois côtés, et joint au continent par une langue de terre. Pop. 2,200 hab.

Après *Alcala de Chisbert*, chemin assez beau pendant 6 lieues, jusqu'à Vinaroz; long vallon et plaine cultivée : on voit la mer qui est cachée par les arbres.

* Castellon de la Plana, ville située sur la rive gauche du *Mauléon*, au milieu d'une grande plaine, à une demi-lieue de la mer. Ses maisons sont simples et bien bâties : elle a des rues droites et larges, une tour de 260 pieds de haut, deux grandes places et 11,000 habitants. Elle fabrique beaucoup de toiles et des agrès de navires. Bonne auberge au Lion. En quittant cette ville, chemin pierreux et rude, plaine bordée à droite par la mer à une demi-lieue, à gauche par des montagnes lointaines; on découvre la mer de temps en temps par des échappées. La route tourne toujours à droite, et est toujours mauvaise. Après trois heures de marche, vue de la mer à un quart de lieue; on la côtoie : montagnes et roches effrayantes très-difficiles à franchir. On longe un précipice défendu par une mauvaise muraille, et au bas duquel la mer se brise. Descente, vallée profonde, environnée de montagnes ; gorge affreuse où de grosses pierres et la roche vive meurtrissent les pieds des chevaux : on est horriblement cahoté. Après la Venta, chemin moins mauvais, plaine vaste qui se termine à la mer, que l'on côtoie à 500 pas de distance.

A un demi-quart de lieue de *Villa Real*, petite ville de 5,500 habitants, on passe le *Mijares* sur un pont fort long, bâti en pierre de taille. On voit à gauche la petite ville d'*Altura* de 3,000 habitants, qui possède une manufacture de faïence.

* MURVIEDRO, ville longue, très-étroite, à une lieue de la mer, au pied d'une montagne de marbre noir veiné de blanc. Elle a des restes d'antiquités romaines.

Au sortir de Murviedro, plaine immense à droite, montagnes à gauche.

* VALENCE est une ancienne ville bien peuplée et florissante, dans une situation charmante, sur le *Guadalaviar*; on y compte plus de 100,000 âmes. L'église cathédrale était autrefois une mosquée des Maures. On remarque la maison de ville, le palais de la *Ciutta* et celui de la députation : la douane, les peintures de *Palomino*, dans l'église de Saint-Jean, etc. Les rues y sont fort étroites, et il y a beaucoup de belles maisons. Le *Mail* et l'*Alameda* sont de belles promenades publiques. Au bout de l'Alameda une route très-agréable mène au *Grao*, joli bourg situé à une demi-heure de Valence, où est un mouillage et où l'on trouve des manufactures considérables de poterie. En général tout respire à Valence les amusements et le plaisir : des promenades dans une espèce de voiture particulière nommée *Tarenas*; la chasse sur le lac : des concerts à l'Alameda; un théâtre, etc. C'est ici le pays le plus fertile de l'Espagne : dans la même année on retire trois productions : du froment, du blé de Turquie, des légumes, sans compter le mûrier et les fruits. Les ruines de l'ancienne ville de *Sagunte*, à présent *Murviedro*, sont à 4 lieues de Valence. Les antiquités les plus remarquables sont : le théâtre, le cirque et le château bâti par les Maures, des restes d'anciens monuments romains. Valence a une université et une académie des beaux-arts. Il vient de s'y former une société pour l'amélioration de la culture des mûriers. Après Barcelonne et Madrid, Valence est la ville d'Espagne la mieux policée : elle est éclairée pendant la nuit par de belles lanternes assez multipliées, avantage qu'elle doit à un de ses fabricants, qui disparut un jour de Valence, et passa plusieurs années à parcourir l'Europe, pour s'instruire dans les arts. Il lui rapporta aussi d'Angleterre l'usage du *Watchman*; il se nomme ici le *Sereno*, ou l'homme du serein ; son emploi, comme à Londres, est de crier les heures, d'annoncer le beau temps ou la pluie; il n'a d'autres armes qu'une hallebarde. Il y a nombre de manufactures à Valence : on y comptait en 1796, 8,000 métiers de toute sorte. L'industrie des Valenciens tire un grand parti de l'espart, dont on

fait des nattes et des cordages ; elle emploie jusqu'à l'aloës (*pita*) ; et de ses feuilles on tire une espèce de fil dont on fait des rênes. Les carreaux de faïence coloriée, connus sous le nom d'*Azujelos*, ne se fabriquent qu'à Valence. Pour jouir de la vue enchanteresse de Valence d'un seul coup d'œil, il faut monter sur le clocher de la cathédrale ou le Miquelet. Cette plaine délicieuse, ce fleuve paisible, ces chaînes de montagnes embaumées, sur lesquels se repose au loin un beau ciel d'azur; le lac d'Albufera et la mer bleuâtre, où l'on voit briller les voiles des vaisseaux, tout contribue à rendre cet aspect un des plus pompeux de l'Europe. (*V.* le Tableau de Valence, par Fischer, en allemand, Leipsick, 1803, 2 v. 8°).

N° 10.

ROUTE DE PERPIGNAN A CARTHAGÈNE,

PAR BARCELONE, VALENCE ET MURCIE.

Noms des relais.	Leguas ou l. esp.	Noms des relais.	Leguas ou l. esp.
De Perpignan à Barcelone..............	22 ½	*Report.*........	119 ½
V. page 32.		Alicante *...........	4
De Perpignan à Valence.	77	Elche *...........	4
V. page 37.		Albatera...........	3
Almusafes............	5	Orihuela *..........	2
Alcira *............	3	La Rambla.........	4
Jativa ou Saint-Felipe*.	3	Murcie *..........	5
Atzaneda...........	3	Los Banos..........	3
Alcoy *............	3	Lobosillo...........	3
Xixona *...........	3	Carthagène *........	3
	119 ½		150 ⅓

TOPOGRAPHIE.

* ALCIRA, jolie ville sur le *Xucar*, qui l'environne de tous côtés et lui donne la forme d'île. Elle a deux églises, un hôpital, quatre hospices et deux ponts sur le Xucar. Son sol, fertile, abonde en mûriers. Pop. 10,000 hab.

* SAN-FELIPE ou XATIVA, jolie ville, possède 22 fontaines, une manufacture de papier, un château construit sur le roc, où l'on voit des traces d'ouvrages romains ; on y a établi un séminaire. Non loin de là est le lac d'*Albufera*; l'illustre guerrier, le maréchal Suchet, tira son titre de duc de ce lieu, qui a 3 lieues d'étendue sur une de large, et qui n'est séparé que par une langue de sable

de la Méditerranée, avec laquelle il communique par un canal.
Pop. 10,000 hab.

*Alcoy, jolie ville sur la rivière de son nom, dans le val de Bayte,
bâtie presque tout à neuf, entre des montagnes élevées. Elle a des
fabriques de draps, de papier et de savon. Ses habitants sont très-
actifs. Le 16 novembre 1812 les Français prirent cette ville. Pop.
10,000 hab.

* Xixona, ville célèbre par le grand commerce qu'elle fait du
nougat qui porte son nom, et par l'excellence de ses amandes et
de son miel. Pop. 4,500 hab.

* Alicante, jolie ville, avantageusement située entre des montagnes en forme de demi-lune, sur la *Méditerranée*, au fond d'une
baie qui porte son nom. Elle a un château-fort sur une montagne
élevée de 267 toises, des rues étroites et mal percées, cinq églises, deux hôpitaux, six hospices, une école de marine, une société très-utile dite des *Frères des pauvres*. Cette ville, une des plus
commerçantes d'Espagne, possède une rade vaste et sûre, qui
reçoit par an 900 navires. Son industrie consiste en fabriques de
fils, de mouchoirs, savon très-recherché. Les environs produisent
de très-bon vin. On tire une grande quantité de sel de deux lagu-
nes situées sur la côte. Abdelasis, général des Maures, prit cette
ville en 715; dans la guerre de la succession elle resta fidèle à
Philippe V; la flotte anglaise, commandée par J. Leak, s'en empara en 1706; le chevalier d'Asfeld la reprit en 1708. Patrie de
Mahomed ben Abdelhaman, poète et historien; de Ferdinand de
Loaze, grand théologien et jurisconsulte. Lat. N. 38° 20' 41". Long.
O. 2° 48' 30". Pop. 17,500 hab.

*Elche, ville assez belle, et située dans une plaine couverte de pal-
miers. Elle a six places grandes et carrées, ornées de fontaines,
dont une en marbre, faite en forme de tombeau, qui jette l'eau
par vingt tuyaux; une fabrique de savon de sparterie, plusieurs
tanneries. Son commerce en dattes et palmes est considérable.
Pop. 18,000 hab. Patrie de Georges Juan, auteur de plusieurs ouvrages de navigation, de géométrie et d'astronomie.

* Orihuela (Orcelis), ville fort jolie, avec siége épiscopal, dans
une campagne charmante, doit sa fondation aux Carthaginois.
Pop. 6,000 hab.

* Murcie, ville située dans un grand et beau vallon, sur la rive
gauche de la *Segura*, sur laquelle s'élève un beau pont de pierre,
au milieu d'une campagne superbe et couverte de mûriers. Il y a
dans cette ville une douane, un évêché, une société économique,
deux bibliothèques publiques, une raffinerie de salpêtre, une fabrique de poudre à canon, des manufactures de soieries, et un établissement considérable pour filer et tordre la soie. On trouve peu
de villes en Espagne aussi ennuyeuses pour les étrangers; on n'y
trouve ni spectacles, ni bals, ni sociétés. Pop. 40,000 hab.

* Carthagène (Carthago Nova), ville très-ancienne, belle et bien
fortifiée, sur le golfe du même nom, fut fondée par Asdrubal, général des Carthaginois, détruite par les Goths, et relevée par Phi-

lippe II. Son port, le meilleur de l'Espagne, qui peut contenir 40 vaisseaux de ligne, est si profond que les navires abordent jusqu'aux maisons ; il est comme renfermé dans la ville, et abrité de tous les vents par les montagnes voisines. On remarque les rues, les places, le bassin, l'arsenal bien fourni, qui occupe la moitié occidentale de la ville, et où sont les chantiers de construction. Elle a une manufacture d'armes, des fabriques de toiles à voiles et de cordages, une douane. Le commerce comprend olives, raisins secs, amandes, figues, etc. Ses environs fournissent beaucoup de sparte, de soude et d'alun ; on y trouve diamants et autres pierres précieuses. L'an de Rome 554 les Romains, sous Scipion, s'en emparèrent. César y établit une colonie ; elle souffrit beaucoup dans les guerres des Vandales au 5e siècle. J. Leak s'en empara pour Charles VI en 1706 ; mais le duc de Berwick la reprit ensuite. Lat. N. 37° 35' 50". Long. O. 3° 20' 36". Pop. 30,000 hab.

N° 11.

ROUTE DE VALENCE A SARAGOSSE.

Noms des relais.	Leguas ou l. esp.	Noms des relais.	Leguas ou l. esp.
Murviedro............	4	*Report*........	34
Segorbe *............	5	Camin-Réal.........	2 ½
Barracas............	5	Hused.............	4
Sarrion............	3	Daroca*...........	4
Puebla de Valverde....	3	Maynar............	5
Teruel *............	4	Longares..........	4
Villarquemada........	5	Maria.............	4
Villafranca..........	5	Saragosse..........	3
	34		60 ½

TOPOGRAPHIE.

* ZERICA, ville qui offre des inscriptions romaines ; le chemin est environné de montagnes séparées par de petits vallons.

On passe la *Palencia* sur un pont. On voit, après une heure et demie de chemin, la *Esperanza*, monastère, sur une montagne au bas de laquelle coule une fontaine qui fait tourner deux moulins ; on lui attribue la vertu de pétrifier les corps qui y séjournent.

* SÉGORBE (Secobriga), ville, avec évêché, chef-lieu d'un duché, située dans la belle vallée du *Rio Palencia*, avec 6,000 hab.

* TERUEL (Turdete), assez jolie ville, fort ancienne, offre des traces de splendeur, parmi lesquels on cite son aqueduc. Population, 10,000 hab.

Le pays, très-montueux et coupé, est néanmoins agréable et fertile.

*DAROCA, jolie ville située sur la rive droite et dans la délicieuse vallée du *Xalon*, passe pour fort ancienne. Elle a trois hôpitaux, des casernes de cavalerie, de belles fontaines très-abondantes. Pop. 6,000 hab. Aux environs on trouve des mines de jais et un lac salé qui approvisionne la ville.

*SARAGOSSE. *V.* page 37.

N° 12.

ROUTE DE MADRID A CADIX,

PAR CORDOUE ET SÉVILLE.

Noms des relais.	Leguas ou l. esp.	Noms des relais.	Leguas ou l. esp.
Valdemoro *............	4	*Report*........	50 ½
Aranjuez *............	3	Aldea del Rio........	3 ½
Ocaña *............	2	Carpio............	3 ½
La Guardia *.........	3 ½	Casablanca..........	2 ½
Templèque *.........	2	Cordoue *..........	2 ½
La Canada...........	2	Cortijo de Mango Negro.............	3
Madrigalejos *.........	2		
Pente de Lapiche......	3	La Carlota *.........	3
Villaharta *..........	2	Ecija............	4
Casanueva del Rey.....	2	Luisiana *..........	3
Manzanares..........	2 ½	Venta de la Portuguesa.	3 ½
N.S. de la Consolation..	2	Carmona *..........	2 ½
Valdepenas...........	2	Mayrena............	2
Santa-Crux de Mudela..	2	Séville *..........	2
Visillo............	2	Oran............	3
Venta de Cardenas. ...	2	Alcantarilla..........	3 ½
Santa-Elena...........	2	Torre de Orcas.......	3 ½
La Carolina *.........	2	Réal casa de Cuervo...	3
Guarroman...........	2	Xerès de la Frontera..	3
Baylen *............	2	Puerto de S. Marie...	2 ½
Casa del Rey.........	2	Ile de Léon *........	3
Andujar *............	2 ½	Cadix *............	3
	50 ½		110

TOPOGRAPHIE.

*VALDEMORO, petite ville de 2,800 hab., située dans un vallon abondant en blé, vin et huile, fabrique draps, rubans, galons, bas, bonnets, gants de soie, étoffes de laine, de lin et coton.

On passe le *Mançanarez* à gué, ou le pont de *Tolède*. Chemin magnifique, large et uni, qui mène droit à Aranjuez; grande plaine de 6 lieues, nue jusqu'à l'entrée de la vallée d'Aranjuez.

* **Aranjuez**, ville agréablement située sur la rive gauche du *Tage*, au-dessus de l'embouchure du *Xarama*, dans un vallon riant et bien boisé. Charles-Quint fit construire dans cet endroit, autrefois rendez-vous de chasse, un palais embelli par Philippe II et ses successeurs. Charles IV y créa, le long du Tage, des jardins et des bosquets immenses, dans lesquels on a conduit les eaux avec beaucoup d'intelligence. On y voit la *casa del Labrador*, édifice élégant, richement meublé. La cour y séjourne depuis Pâques jusqu'à la fin de juin. Cette ville est bâtie dans le genre hollandais, avec des rues larges et tirées au cordeau, des maisons à deux étages. On remarque la place du palais, magnifique et ornée de superbes édifices; le palais de Medina-Cœli et celui des Infants, ses promenades nombreuses et agréables. Elle a un cirque, une salle de spectacle et un haras royal. Pop. 3,000 hab., et 10,000 lors du séjour de la cour.

En sortant d'Aranjuez, montagnes arides, incultes; chemin doux, large et beau jusqu'à Ocaña. On traverse successivement trois vallons, puis on rentre dans les montagnes; on les longe pendant une demi-heure : on découvre *Ocaña* sur une hauteur.

* **Ocaña.** C'est dans ses environs que les Français défirent, le 19 septembre 1810, l'armée du général espagnol Arisana, forte de 50,000 hommes. Cette victoire ouvrit les portes de l'Andalousie.

* **La Gùardia**, ville, avec une église qui possède de beaux tableaux d'*Angelo Nardi*.

* **Templeque**, dans un canton des plus fertiles, possède un ancien riche prieuré de l'ordre de Malte et une salpêtrière.

* **Madrigalejos**, petite ville bien bâtie, de 8,000 hab. Dans les environs on cultive la *barilla* : c'est une plante qui ne croît qu'en Espagne, et dont on fait usage dans les verreries.
Près de cette ville, plaines monotones.

* **Villa-Harta.** On passe sur un pont ou à gué la *Jinuela*.

* **La Carolina**, jolie ville sur une colline qui domine les plaines de Grenade et de Cordoue, et un des chefs-lieux de la Sierra-Morena, fut fondée par le marquis d'Olavides en 1767; de forme carrée et ceinte de murailles, elle a des rues larges et droites, des maisons bâties sur un plan uniforme, mais simples, de belles fontaines, de jolies promenades autour de la ville. On y fabrique toiles et draps communs. Pop. 3,000 hab.

* **Baylen**, bourg très-bien situé, au pied de la *Sierra-Morena*, dans un territoire fertile, avec de vieilles murailles, un palais et cinq hospices. C'est entre ce bourg et Andujar que capitula, le 20 juin 1808, le général de division Dupont surpris par les Espagnols. On élève dans ses environs une des plus belles races de chevaux de l'Andalousie.

* **Andujar**, ville sur le *Guadalquivir*, est défendue par un château en ruines. Elle a six églises, cinq hôpitaux, un théâtre et un beau pont. Son territoire abonde en blé, vin, huile, fruits, et il y a beaucoup de gibier. Pop. 14,000 hab.

* **Cordoue** (Corduba), chef-lieu de la province ci-dessus, est une

ville ancienne, très-célèbre, agréablement située sur le penchant de la *Sierra-Morena*, à l'extrémité d'une vaste plaine, sur la rive septentrionale du *Guadalquivir*. Elle est bâtie en amphithéâtre, et ceinte de murailles flanquées de grosses tours; elle présente une surface considérable, mais les jardins en occupent une grande partie. Les rues en sont étroites, tortueuses et sales. La plaza Major se fait remarquer par son étendue, sa régularité et ses beaux portiques; le palais épiscopal est un bâtiment très-lourd; on y voit les ruines du palais d'un roi maure; mais le plus intéressant de tous les édifices est une ancienne mosquée commencée par le khalife Abdérame, vers l'an 755, et qui est aujourd'hui la cathédrale; elle a 534 pieds de long sur 387 de large, et contient 19 nefs formées par 1,000 colonnes de jaspe et de marbre; le superbe pont de 16 arches sur le Guadalquivir est aussi de construction moresque. Cordoue fut toujours très-commerçant : on y fabrique fil très-fin et très-recherché, et cuir qui a reçu son nom de cette ville. Patrie des deux Sénèques, de Lucain, d'Averrhoès, de Maimonide, et du grand capitaine Gonsalve de Cordoue. Elle fut prise par les Goths en 672, et en 755 par Abdérame, général maure, qui se rendit indépendant des khalifes de Damas, et en fit la capitale de son royaume. Dist. 30 l. E.N.E. de Séville, 50 O.N.O. de Cadix, et 80 S.S.O. de Madrid. Lat. N. 37° 52'. Long. O. 7° 6'. Pop. 20,000 hab.

* LA CARLOTA, chef-lieu d'une nouvelle colonie, ville bâtie sur un plan uniforme, a beaucoup de moulins à huile et une verrerie.

* ECIJA, sur l'*Ejenil*, ville située dans une plaine fertile, a le plus chaud climat de l'Espagne. Elle commerce en laines. Population, 20,000 hab.

* LUISIANA. Cette colonie, comme celles de la *Sierra-Morena*, est déjà sur son déclin. La nouvelle route est superbe; il a fallu construire plus de 400 ponts, grands et petits.

* CARMONA, ville dans un territoire très-fertile en blé, vin, huile. On y voit les ruines d'un vieux château, l'ancienne porte de Cordoue, grand et superbe monument d'architecture; elle a d'assez belles rues. Pop. 12,600 hab.

La route entre Carmona et Séville passe presque continuellement au milieu de vignes et d'oliviers. Les moulins à huile y sont très-nombreux, et le vin excellent. En sortant de cette ville on trouve une route particulière pour aller à Cadix. Elle n'est bonne que pour les chevaux.

* SÉVILLE, ville située sur la rive gauche du *Guadalquivir*, avec un port qui peut recevoir des embarcations de 150 à 200 tonneaux. La nouvelle route de Madrid à Cadix ne passe plus par Séville; mais qui ne ferait volontiers le détour de 2 *leguas* pour voir la seconde ville d'Espagne, dont un proverbe andalou dit :

Qui en no ha visto a Seville,
No ha visto maravilla!

La masse imposante de ses édifices, et ses flèches dorées, présentent au milieu d'une grande plaine un coup d'œil infiniment agréable. Le pain de Séville est encore plus blanc et plus léger que celui de Madrid : le vin excellent, la pinte à deux sous quelques deniers ; à trois piastres par mois on a un bon appartement : bref, selon l'avis de M. Fischer, Séville, pour un étranger qui veut apprendre la langue du pays, offre le séjour le plus agréable et le moins coûteux. On remarque la cathédrale, la *Giralda* ou le clocher, chef-d'œuvre d'architecture moresque, et une des choses les plus remarquables de l'Espagne. Sa hauteur est de 250 pieds ; on a construit la rampe de manière que deux personnes à cheval peuvent facilement monter jusqu'à son sommet. La longueur de l'église est de 420 pieds, la largeur de 263, et la hauteur de 126. On admire les peintures des vitres. Cette église est très-riche en vases précieux, pierreries et tableaux de prix. Le célèbre tableau de la Gamba, par Louis de Vargas, mérite surtout de fixer l'attention des connaisseurs. La bibliothèque contient 20,000 volumes. L'orgue surpasse celle de *Harlem*. Devant le chœur est le tableau de Christophe Colomb, avec une inscription frappante par sa fierté. Cependant il est vraisemblable que le corps a été transporté à Saint-Domingue. On compte 82 autels dans cette église, et on dit tous les jours 300 messes.—L'hôpital de la Caritad ; cet hôpital possède les chefs-d'œuvre du célèbre peintre Murillo. — L'église des capucins, riche en beaux tableaux de la main de Murillo ; on remarque surtout un christ.—L'église de Santa-Cruz ; la célèbre descente de croix, par don Pedro de Campanna. C'est vis-à-vis de ce chef-d'œuvre de peinture que Murillo demanda à être inhumé. —L'Alcazar, ancienne résidence des rois maures ; le jardin est encore tout-à-fait dans le goût de ces anciens habitants de l'Espagne : c'est un séjour délicieux.—Le couvent des Franciscains (le plus grand qui se trouve à Séville).—L'hôpital la Sangre ; la façade est belle et ornée de trois statues.—Le *Toire del Oro.*—La bourse ou *Lonja.*—L'hôtel des Monnaies.—La magnifique chartreuse, dont le jardin est rempli d'un grand nombre de plantes américaines. —L'université.—Le séminaire de Saint-Telme, l'école de la navigation et la société patriotique. La grande fabrique de tabac ; elle ressemble à une forteresse. Quand il règne certains vents, ses émanations se répandent au-delà d'une lieue. La belle promenade de l'*Alaméda.*—Le *Quemadero*, ou la place où se tenaient les *auto-da-fé.*—Les restes d'un amphithéâtre, à *Italica*, à une lieue de *Séville.* (*Voyez* l'ouvrage de M. de la Borde). La fabrique de tabac à Séville est un établissement immense, tant par son étendue que par la quantité de bras qu'elle occupe. On y fait les *cigarros*, dont la consommation est si prodigieuse en Espagne. On trouve aussi dans cette ville la fonderie des canons de cuivre, qui, avec celle de Barcelone, approvisionne tous les arsenaux de l'Espagne en Europe.—*Avis nécessaire.* Il vaut mieux s'embarquer de Séville pour Cadix que de faire la route par terre. A toute heure partent une foule de *barcos* ; il faut louer ou une barque particulière, ou aller dans un *barco a cargo.* Le prix d'une place, avec une malle et un porte-manteau, est d'une ou de deux piastres ; seulement il ne faut pas s'effrayer, au premier abord, des énormes demandes que font les bateliers.

*UTRERA, petite ville très-jolie, environnée de campagnes riantes et fertiles. Pop. 9,000 hab.

* On recueille, année commune, 360,000 arrobes de vins de *Xerez*, dont 200,000 passent en Angleterre et en France. Les haras de Xerez sont dans un état languissant. A une demi-lieue de Xerez il y a une chartreuse qui possède quelques chefs-d'œuvre de Zurberan et de Lucas Jordain. Cette ville a des fabriques de toiles peintes et une bibliothèque publique.

* On a le premier aspect de la baie de Cadix, du haut d'un coteau qui est à moitié chemin de *Xerez*. A Puerto sont de belles avenues et plusieurs jardins. De *Puerto* à *Cadix*, le prix du naulage, pour une seule personne, y compris sa malle, est en tout de quatre réaux.

* ILE DE LÉON. C'est une des villes les plus peuplées de l'Espagne, où l'on remarque une aisance et une propreté qui la distinguent. Cette île est abondante en vins les plus délicats et les plus recherchés. On va de là à Cadix, par un beau chemin de 2 lieues pratiqué au N.O. de cette île.

* CADIX. *Voyez* le tableau des villes, page 16.

N° 13.

ROUTE DE MADRID A GRENADE.

Noms des relais.	Leguas ou l. esp.	Noms des relais.	Leguas ou l. esp.
De Madrid à Andujar, *V.* page 43..........	50	Report........	59
Torre Ximeno *........	5	Alcala la Réal *.......	3
Alcaudete *..........	4	Pinos Punte..........	5
		Grenade *..........	3
	59		70

TOPOGRAPHIE.

* TORRE XIMENO. Ce village est situé dans un territoire très-fertile et entouré de montagnes couvertes de neige pendant presque toute l'année.

* ALCAUDETE, petite ville bâtie en marbre noir, au pied du mont *Aillo*. En la quittant on parcourt une longue montagne couverte de toutes sortes de fruits.

* ALCALA LA RÉAL, petite ville riche, située sur un montagne, point de partage des eaux entre les deux mers, produit bons vins et fruits exquis. Pop. 9,000 hab.

* **Grenade**, population 80,000 âmes. Les édifices remarquables et curiosités sont : l'*Alhambra*, un des bâtiments les plus entiers et les plus magnifiques de ceux que les Maures ont construits en Espagne. C'est dans la *cour des Lions* que se fit le massacre des *Abencerrages*, par les *Zégris*. Les jardins sont remplis d'orangers, de limoniers, de grenadiers et de myrtes. Les rossignols chantent en plein-jour dans les bois touffus d'ormes. Un des plus superbes belvédères de l'*Alhambra* est appelé *la toilette de la reine*. C'est un cabinet de six pieds en carré, ouvert à tous les vents, et entouré d'une terrasse large de trois pieds; toute l'enceinte du cabinet et de la galerie qui en fait le tour est couverte de plaques de marbre sanguin : le toit de la terrasse est soutenu de distance en distance par des colonnes de marbre blanc. Dans un des coins de ce cabinet on voit aussi une large pièce de marbre percée de plusieurs trous, que l'on dit avoir servi de cassolette : c'était par ces petites ouvertures que s'échappaient les douces exhalaisons et les parfums dont s'embaumait la Sultane. Elle ne pouvait choisir un appartement dont la vue et l'exposition fussent plus délicieuses. Dans la cour de *los Array Janes* est une salle voûtée, qu'on appelle *salle du secret*. L'ensemble est fait avec tant d'art et de proportion, qu'en appliquant la bouche à un de ses angles, et ne faisant que prononcer du bout des lèvres quelques mots, ils sont entendus de la personne qui se place à l'angle opposé. Au bout des jardins on trouve un autre palais maure qui porte le nom de *Généralife*. On jouit de ses balcons d'une des plus belles vues de l'Europe, qui domine sur les plaines fertiles de *Grenade*, terminées par des montagnes couvertes de neige. Près de l'entrée de ce palais sont deux cyprès de grandeur énorme, qui ont cinq siècles d'antiquité, et qu'on appelle *cyprès de la Sultane-Reine*, parce que, suivant une tradition, cette princesse y donnait le fameux rendez-vous à un *Abencerrage*. — La cathédrale; elle a 420 pieds de longueur, et 249 de largeur. La hauteur de la grande coupole est de 160 pieds. Les tableaux de don Pèdre d'Athanasia se distinguent par leur fini. Il y a encore d'autres tableaux précieux d'Espagnolette, de Risuenno, etc., et l'image de la sainte Vierge, que le roi Ferdinand menait toujours avec lui comme un gage sûr de la victoire, etc.—La *Cortuxa*; ou la chartreuse, riche en peintures de mains de maîtres. *Los Angelos*; Saint-Dominique et les Capucins possèdent aussi de beaux tableaux. L'hôpital général; l'académie de mathématiques et de dessin; les belles promenades; le *Poseo* aux bords du *Gentil*, et la *Meda*; la collection d'antiques maures qui appartient à la ville. On trouve chez la plupart des orfévres, des médailles arabes à vendre. Grenade est aussi la résidence d'une des quatre confréries des cavaliers de la *Real Maestranza*. L'uniforme est bleu. Ces sociétés ont pour but de dresser et élever des chevaux. Les sucreries de Grenade sont très-renommées. Les personnes de bon ton ont des cartes imprimées, sur lesquelles il y a les mots : *valeur d'une, deux, trois livres de sucreries*, et qui servent de *bons* chez leurs confiseurs. (*Voyez* sur *Grenade*, le charmant ouvrage de M. *Massias*; le *Pri-*

sonnier en Espagne, 2 parties, nouv. édit. A Strasbourg, 1804, 8°).
Près de Grenade, les restes d'*Illiberis*, ville ancienne. Par des
fouilles on a déterré des richesses littéraires très-précieuses.

COMMUNICATIONS

DE BAYLEN A UBEDA, 5 l. ; D'ANDUJAR A JAEN, 5 l.

TOPOGRAPHIE.

UBEDA, ville bien bâtie. On remarque l'hôpital de Saint-Jac-
ques. Pop. 16,000 hab.

JAEN, située au milieu des montagnes, sur le penchant d'une
colline, dans un terrain très-fertille, sur la rive gauche de la rivière qui porte le même nom. Cette ville a des fontaines limpides,
une société économique. Son commerce consiste en soie. Population, 27,000 hab.

N°. 14.

ROUTE DE MADRID A VALENCE.

Noms des relais.	Leguas ou l. esp.	Noms des relais.	Leguas ou l. esp.
Bacia-Madrid	3	*Report*.........	31
Arganda.............	3	Motilla del Palancar...	2
Perales.............	3	Castillejo de Yniista...	2
Fuentidueña	3	Minglanilla	3
Tarancon............	3	Villalgordo de Cabiel..	2
Saelices	2 ½	Caudete............	1
Montalbo............	2 ½	Utiel..............	3
Villar de Saz.........	3	Requena............	3
Olivares............	3	Venta de Buñol......	2
Valverde	1	Venta de Poyo.......	4
Buenache de Alarcon...	4	Valence, *v.* page 39...	3
	31		56

TOPOGRAPHIE.

La nouvelle route de *Madrid à Valence*, sur laquelle on ne trouve
pas de villes importantes, est superbe : cette route suit une tout
autre direction que l'ancienne, et ne conduit plus par la grande
plaine d'*Almanza*; on y va partout en voiture.

COMMUNICATION

DE VALVERDE A CUENCA, 5 lieues.

TOPOGRAPHIE.

* CUENCA, ville bâtie sur un roc taillé à pic, près la rive gauche du *Xucar*, avec des rues étroites, fournit beaucoup de miel et de circ. Sa cathédrale est d'un beau gothique ; elle a un beau palais, plusieurs églises et couvents, un séminaire, des colléges, un hospice, deux hôpitaux, quatorze fontaines. On remarque le pont sur le *Xucar*, d'une noble structure. Elle commerce en laine d'une qualité excellente. En 1176 les Arabes furent contraints par la famine de la rendre au roi de Castille après neuf mois de blocus. En 1811 les Français y défirent complétement un corps de 6,000 Espagnols. Pop, 6,000 hab.

N° 15.

ROUTE DE MADRID A MURCIE ET A CARTHAGÈNE.

Noms des relais.	Leguas ou l. esp.	Noms des relais.	Leguas ou l. esp.
De Madrid à Tarancon.	12	*Report*........	44 $\frac{1}{2}$
Torrubia	2 $\frac{1}{2}$	Tobarra	3
Ontanaya.............	4	Venta de Vineta......	2 $\frac{1}{2}$
Belmonte *..........	4	Puerto de la Mala Mu-	
Algueria de los Frayles..	2 $\frac{1}{2}$	ger..............	2 $\frac{1}{2}$
San-Clemente *.......	2 $\frac{1}{2}$	Ziezar.............	3
Minaya..............	3	Puerto de la Losilla...	2 $\frac{1}{2}$
La Roda.............	3	Lorqui.............	2 $\frac{1}{2}$
Gineta	3	Murcie.............	3
Albacete *..........	3	Los Baños..........	3
Poso de la Peña........	2	Lobosillo	3
Venta Nueva..........	3	Carthagène	3
	44 $\frac{1}{2}$		72 $\frac{1}{2}$

TOPOGRAPHIE.

* BELMONTE, ville entourée de murailles, où l'on voit un fort beau château très-bien conservé, et dont les environs sont fertiles et bien cultivés.

* SAN CLEMENTE, ville considérable, où se tient une foire très-fréquentée.

* ALBACETE (*Cetide*), petite ville très-bien située dans une vaste

plaine. Les productions de son territoire sont si considérables qu'elles offrent à cette ville des ressources certaines. La place où se tient tous les ans, au mois de septembre, une foire fameuse de bestiaux, est entourée d'un triple rang circulaire de maisons dont la hauteur est graduée. On y fabrique beaucoup de coutellerie. Pop. 7,000 hab.

* MURCIE et CARTHAGÈNE, *voyez* page 41.

COMMUNICATION D'ALBACÈTE A ALICANTE,

Par Petrola...........................	7 l.
Montealegre..........................	3 l.
Yecla	4 l.
Sax..................................	4 l.
Monforte.............................	3 l.
Alicante.............................	4 l.
	25 l.

N° 16.

ROUTE DE MADRID A MALAGA.

Noms des relais.	Leguas ou l. esp.	Noms des relais.	Leguas ou l. esp.
De Madrid à Andujar, *voyez* page 43........	50	*Report*........	62
Porcuna..............	3	Benamexi............	3
Baena................	5	Antequera *..........	4
Lucena *.............	4	Malaga *.............	8
	62		77

TOPOGRAPHIE.

* LUCENA, ville renommée par ses excellents vins, a une manufacture de savon.

* ANTEQUERA (*Anticaria*), grande ville située partie dans une plaine et partie sur une montagne, près du *Guadiaro*, rivière, possède un château bâti par les Maures, plusieurs églises, un hôtel-de-ville, des filatures de soie et de coton, des fabriques de cuirs, maroquins et papeteries. En 1410 Ferdinand, roi de Castille, la prit. Pop. 19,000 hab.

* MALAGA, ville assez belle, avec un port dont un excellent môle assure la consommation. Elle a une salle de spectacle et un vieux château. Elle exporte fruits secs, huile, vins très-renommés, dont il se fait de grandes exportations; anchois, thon, cire, oranges et citrons. Pop. 50,000 hab.

COMMUNICATION

DE MALAGA A MARBELLA, 5 lieues.

TOPOGRAPHIE.

Le chemin jusqu'à Marbella est fort triste : on ne voit que des précipices et des terres incultes.

* MARBELLA, petite ville sur le bord de la mer, au pied de montagnes arides, possède un moulin à sucre.

De Marbella à Estepona, plaine de 5 lieues en grande partie inculte.

En sortant de *Malniva*, lieu célèbre par son vin. On passe le *Guadiar* sur une barque. Ensuite jusqu'à Gibraltar, le chemin se dirige entre des montagnes couvertes d'arbres. Les 3 lieues jusqu'à la venta sont très-longues ; la route mène à Saint-Roch ; mais à moitié chemin on trouve un sentier qui traverse les montagnes à gauche de la route, et qui va directement à Gibraltar.

N° 17.

ROUTE DE MURCIE A GRENADE ET A MOTRIL.

Noms des relais.	Leguas ou l. esp.	Noms des relais.	Leguas ou l. esp.
Lebrilla...............	4	*Report*	32
Totana...............	4	Guadix*.............	3
Lorca...............	4	Diezma.............	3
Venta del Rio.........	3	Grenade. *V.* pag. 48...	6
Velez el Rubio.........	4	Padul.............	4
Las Vertientes.........	3	Albendin.............	2 $\frac{1}{2}$
Cullar..............	3	Pinas del Valle.......	4 $\frac{1}{2}$
Baza*...............	4	Benaudalla..........	4
Gor.................	3	Motril *.............	4
	32		63

TOPOGRAPHIE.

* BAZA, jolie ville sur le *Fardes*, au pied d'une montagne, a de belles rues et de superbes promenades. La plupart de ses maisons et édifices sont de construction maure. Pop. 8,000 hab.

* GUADIX, ville située sur une éminence, au milieu d'une vaste et fertile plaine, contient quelques manufactures de soie, et fabrique beaucoup de poterie. A 1 l. $\frac{1}{2}$ S.O. de Guadix sont les eaux minérales de *Graena*. Pop. 8,000 hab.

* MOTRIL, petite ville, avec un beau port, dont les environs produisent d'excellents vins et de bon sucre.

COMMUNICATION

DE BAZA A ALMÉRIA, 15 l. ; DE MOTRIL A ALHAMA, 8 l.

TOPOGRAPHIE.

* ALMÉRIA (*Murgis*), ville, avec un beau port protégé par un château-fort, sur la *Méditerranée*, au fond d'une vaste baie, près de l'embouchure de la rivière du même nom. Son territoire est très-fertile. Alphonse VIII, roi d'Aragon, aidé des Gênois, la prit sur les Maures en 1147. Elle fabrique soude, salpêtre, sparterie. On trouve dans ses environs saphirs, cornalines, jaspe, agates, grenats. Pop. 7,000 hab. Le cap de *Gates* en est éloigné de 7 à 8 lieues.

* ALHAMA, petite ville dans un lieu délicieux, située au pied d'une montagne, sur le *Motril*, est renommée par ses bains et ses eaux thermales. En 1346 Ferdinand III s'en empara. Population, 4,000 hab.

N° 18.

ROUTE DE MADRID A GIBRALTAR.

Noms des relais.	Leguas ou l. esp.	Noms des relais.	Leguas ou l. esp.
De Madrid à Ecija.....	72 $\frac{1}{2}$	*Report*........	86 $\frac{1}{2}$
V. page 43.		Ronda.............	5
Osuna...............	5	Gaucin.............	5
Saucejo.............	3	S. Roque...........	3
Campillos.	6	Gibraltar*..........	2
	86 $\frac{1}{2}$		101 $\frac{1}{2}$

TOPOGRAPHIE.

* GIBRALTAR, à 24 l. E. p. S. de Cadix, autrefois ville et forteresse célèbre de l'Espagne, est maintenant au pouvoir de la grande Bretagne. Jusqu'à l'arrivée des Sarrasins en Espagne, qui eut lieu l'an 711 ou 712, le rocher de Gibraltar porta le nom de *Mons-Calpe*. A leur arrivée on y bâtit une forteresse, et il prit le nom de *Gibel-Tarif*, d'après celui de leur général ; et ensuite celui de Gibraltar. Il fut alternativement au pouvoir des Espagnols et des Maures, et finalement enlevé aux premiers par une flotte anglaise et hollandaise combinée, aux ordres de sir Georges Tooke, l'an 1704, et plutôt par hasard qu'autrement. Le prince de Hesse débarqua sur l'isthme avec 1,800 hommes ; mais une attaque de ce côté-là parut impraticable, à cause de la roideur du rocher. La

flotte tira 15,000 coups de canon sans faire la moindre impression sur les ouvrages ; de sorte que la forteresse fut également regardée comme imprenable par les Anglais et les Espagnols, à moins que ce ne fût par famine. Cependant quelques matelots qui avaient bu un peu de *grog* (eau-de-vie et eau), ramèrent jusque sous un nouveau môle avec leurs chaloupes, et voyant que la garnison, qui n'était composée que de 100 hommes, ne faisait pas attention à eux, ils essayèrent de débarquer. Étant montés sur le môle ils arborèrent un gilet rouge comme signal qu'ils avaient pris possession. Ce signal ayant été observé de la flotte, on envoya un renfort de chaloupes et de matelots, qui, étant de même montés sur les ouvrages, s'emparèrent d'une batterie, et forcèrent bientôt la ville à se rendre. Après diverses tentatives pour reprendre cette forteresse, elle fut confirmée à l'Angleterre par le traité d'Utrecht, en 1713. On a fait depuis une multitude d'attaques inutiles pour l'enlever aux Anglais. L'avant-dernière guerre l'a rendue encore plus célèbre ; elle soutint en 1782 un long siége contre les forces réunies d'Espagne et de France par terre et par mer, et fut bravement défendue par le général Elliot et sa garnison, à la honte des assiégeans et avec une grande perte de leur côté ; il faut néanmoins convenir que la place est naturellement imprenable. Près de 300 pièces de canon de différents calibres, et principalement de bronze, qui avaient coulé devant le port avec les batteries flottantes, ont été levées et vendues au profit de la garnison. C'est un port très-commode, et formé par la nature pour commander le passage du détroit, ou, en d'autres termes, l'entrée de la Méditerranée et des mers du Levant ; mais sa rade n'est pas à l'abri des ennemis ni des tempêtes. La baie a environ 20 lieues de circonférence. Le détroit a 8 lieues de long sur 5 de large ; il y passe toujours un courant de l'Océan dans la Méditerranée, et il faut une forte brise pour y résister. La ville n'était ni grande ni belle ; et dans le dernier siége elle fut entièrement détruite par les bombes de l'ennemi : mais à cause de ses fortifications, elle est regardée comme la clef d'Espagne, et on y laisse toujours une garnison munie de toutes les choses nécessaires à sa défense. Le havre est formé par un môle bien fortifié et hérissé de canons. La garnison est cependant resserrée dans des limites fort étroites ; et comme le terrain ne produit presque rien, toutes ses provisions lui viennent d'Angleterre ou de Ceuta, sur la côte opposée de Barbarie. Gibraltar était autrefois sous le gouvernement militaire ; mais ce pouvoir produisant les abus qui en dérivent naturellement, le parlement jugea à propos d'y former une corporation ; et le pouvoir civil est maintenant entre les mains de ses magistrats. Lat. N. 36° 5′. Long. O. 7° 42′.

N° 19.

ROUTE DE MADRID A TOLÈDE.

Noms des relais.	Leguas ou l. esp.	Noms des relais.	Leguas ou l. esp.
Getafe...............	2 ½	Report........	9
Illescas.............	3 ½	Tolède *...........	3
Cabanas..........	3		
	9		12

TOPOGRAPHIE.

* Tolède, ville située dans un vallon long et étroit, environnée de montagnes élevées ; ses rues sont étroites, tortueuses et mal pavées ; elle a de beaux édifices, tels que l'église du couvent des grands Carmes, l'église de Silos, le palais des Vargas, l'Alcazar, l'hôpital de Sainte-Croix, celui de Saint-Jean-Baptiste, la cathédrale. Cette ville possède des vestiges de monuments romains : on voit, vis-à-vis de l'Alcazar, des restes d'un aqueduc qui, passant par-dessus le Tage, en portait l'eau de la montagne voisine jusqu'à Alcazar. Tolède a une bonne munufacture d'épées. On s'occupe aussi à chercher les matières d'or que le Tage entraîne dans ses crues et ses débordements. Excellentes auberges au *Parador*, au *Fonda del Arzobispo*.

N° 20.

ROUTE DE BADAJOS A SÉVILLE.

Noms des relais.	Leguas ou l. esp.	Noms des relais.	Leguas ou l. esp.
Albuera *............	3	Report.........	23
Santa Marta..........	5	El Ronquillo..........	3
Zafra *.............	4	Venta de Guilana.....	3
Fuente-de-Cantos......	4	Santiponco..........	3
Monasterio..........	3	Séville.............	1
Santa Olalla.........	4		
	23		33

TOPOGRAPHIE.

* Albuera, village où il se livra, sur la rivière et près de la montagne du même nom, le 15 mai 1811, une bataille où les

Français battirent les Anglo-Espagnols ; il périt 10,000 hommes de chaque côté.

ZAFRA, petite ville forte, au pied d'une montagne, fabrique des gants estimés.

* SÉVILLE. *V*, page 45.

N° 21.

ROUTE DE SALAMANQUE A BADAJOZ.

Noms des relais.	Leguas ou l. esp.	Noms des relais.	Leguas ou l. esp.
Cabradilla............	4	*Report*........	31
Boveda de Castro......	3	Coria *.............	2
Tamames.............	5	Zarza.............	4
Ciudad-Rodrigo *.....	5	Alcantara *.........	3
Robleda.............	5	Membrio...........	5
Gata...............	6	Albuquerque *.......	6
Moraleja............	3	Badajoz *...........	6
	31		57

TOPOGRAPHIE.

* CIUDAD-RODRIGO, ville forte et considérable, située dans une campagne fertile, près la rive droite de l'*Agueda*, qu'on passe sur un pont de 7 arches. Elle a un évêché, une bonne citadelle, deux faubourgs, des rues régulières et plusieurs beaux édifices. On remarque sur la place trois colonnes romaines portant des inscriptions. Elle possède des fabriques d'étoffes de laine, de toiles, de savon. Elle fut prise par les Français en 1810, qui l'abandonnèrent aux Anglais en 1812, après avoir fait sauter une grande partie des fortifications. Ses plaines s'étendent vers le nord, à 5 l. de distance, et sont terminées par une chaîne de montagnes qui sont les rameaux de celles de *Bejar*, *Peña*, *de Francia* et *Gata*. La moitié du pont qui traverse la rivière *Agueda* est antique, et l'autre moderne. On trouve sur ses bords des paillettes d'or. Son territoire est beau et fertile. Pop. 10,000 hab.

* CORIA (Caurium), ville sur la rive droite de l'*Alagon*, avec évêché, est située dans une plaine très-fertile en oranges, citrons et raisins exquis. On voit un beau pont de sept arches sur l'ancien lit de la rivière. Pop. 1,500 hab.

* ALCANTARA, ville, avec un pont magnifique sur le *Tage*, construit sous l'empereur Trajan. Elle fabrique tissus de coton ; le commerce comprend laines et draps. Elle fut prise en avril 1706 par le comte Galloway et les Portugais ; les Français la reprirent en novembre suivant. Alcantara est le chef de l'ordre des chevaliers de son nom. Alphonse IX la leur donna en garde deux ans après qu'il l'eût conquise sur les Maures en 1228. Pop. 3,000 hab.

* ALBUQUERQUE, petite ville, avec un vieux château, fut prise par l'archiduc en 1705; elle fabrique tissus de coton et de draps. Pop. 5,500 hab.

* BADAJOZ, ville forte d'Espagne, dans une plaine, sur la rive gauche de la *Guadiana*; on y entre par cinq portes; on y remarque le pont de pierre de 28 arches, de 1,800 pieds de long sur 200 de large; la promenade qui borde la rivière, la cathédrale. Elle a un évêque, plusieurs places publiques, des églises, de belles casernes et des hôpitaux. Cette ville, très-ancienne, oppose depuis plusieurs siècles une forte barrière au Portugal. Les Goths la prirent au 5e siècle, et les Maures au 8e. Les Castillans s'en emparèrent dans le 13e siècle; en 1660 et 1705 elle résista glorieusement aux Portugais. En 1801 on y conclut un traité de paix entre l'Espagne et le Portugal. Les Français s'en emparèrent en 1811, et les Anglais en 1812. Pop. 15,000 hab.

N° 22.

ROUTE DE MADRID A LÉON ET OVIÉDO,

PAR BENAVENTE.

Noms des relais.	Leguas ou l. esp.	Noms des relais.	Leguas ou l. esp.
Abulagas..............	2	*Report*.......	34
Pte del Retamer.......	2	Villar de Frades......	3
Galapagar.	2 ½	Villalpando del Molar..	3
Guadarrama *........	3	S. Estevan...........	2
Fonda de S. Raphael. ..	2 ½	Benavente *..........	2
Villacastin............	3	Villa quexida........	3
Labajos...............	2	Toral.	2
Adanero..............	2	Ardon...............	3 ½
Arevalo.............	3	Léon *.............	3
Ataquines...........	3	La Robla...........	4
Medina del Campo*...	3	Buiza.............	3
Rueda..............	2	Payares.	3 ½
Tordesillas *........	2	Vega.............	4
Vega de Valdetroneos..	2	Oviédo *...........	5
	34		75

TOPOGRAPHIE.

* GUADARRAMA, petite ville célèbre par son fromage.

MÉDINA-DEL-CAMPO, ville ancienne et grande, sur le *Zapardiel*; on y remarque de belles maisons, une superbe place et une magnifique fontaine. Ses environs abondent en vins, blé et fruits.

* Tordesillas, ville agréablement située sur la rive droite du *Douro*, au bout d'un très-beau pont de 12 arches. Son territoire est très-fertile. Pop. 4,000 hab.

Route montagneuse. De *Torre-Lobaton* le chemin est ennuyeux, parce qu'on ne trouve pas d'habitation.

* Benavente, ville située entre l'*Orbigo* et l'*Esla*; elle possède beaucoup d'églises et de couvents. On y voit le beau palais des ducs. Dans les environs on voit le célèbre monastère des Jéronimites. Près de là le général Lefèvre-Desnouettes fut fait prisonnier par les Anglais le 29 décembre 1808. Pop. 3,000 hab.

* Léon, grande ville située entre les deux sources de la rivière d'*Exla*, et qu'on nomme les rivières de *Torio* et de *Bernesja*. On attribue sa fondation aux Romains sous Galba. Sa cathédrale, qui renferme les tombeaux de 27 rois et d'un empereur, passe pour la plus belle de l'Espagne. On admire sa légèreté. Elle possède plusieurs fabriques de différents objets en lainage. On y fait aussi des bas, de la bonneterie, des gants de peaux, etc. Population, 5,500 hab.

* Oviedo, ville considérable sur les rivières d'*Ovo* et de *Déva*, où l'on voit un aqueduc qui conduit l'eau de la fontaine de *Tentoria del Boc* à la ville, en pierre de taille, et formé de 40 arcades. On y fait le commerce des denrées coloniales et étrangères. Il y a des tanneries, une fabrique de chapeaux, une de peignes de corne et de boutons d'os, et un grand magasin d'armes, Population, 6,400 hab.

COMMUNICATION

D'OVIEDO A GIJON, 6 lieues.

On passe à *Luganos* la rivière *Nora*; on traverse les montagnes de *Belga* et de *Biesca*; chemin beau et facile, même pour les voitures. Le territoire jusqu'à Gijon est très-productif.

* Gijon, petite ville qui a un port situé dans une presqu'île. Son intérieur est assez vaste; les bâtiments marchands de toute grandeur peuvent y mouiller. Elle fournit au commerce des châtaignes, noix, noisettes, cidre. On y fabrique des meules de moulin. Pop. 3,000 hab.

N° 23.

ROUTE D'OVIEDO A AVILES, 5 lieues.

TOPOGRAPHIE.

On passe aussi la *Nora* dans cette route, mais c'est au village de *Cagès*, près de *Luganes*. On traverse ensuite les montagnes de *Fresno*, la *Sierra de Peral*, où l'on trouve des mines de cuivre, de charbon de terre, et des pierres de taille. Les vallons sont très-bien cultivés et fertiles.

* Aviles, ville et port sur la rivière d'*Aviles*, dans la baie de *Las Penas*; on traverse la rivière sur un beau pont. Cette ville a des manufactures de toiles, des fabriques de chaudrons et autres ustensiles en cuivre. Le commerce s'y fait en poisson et en toiles. Le marché de cette ville est bien fourni en comestibles. Population, 3,000 hab.

Il y a beaucoup d'autres routes qui communiquent d'*Oviedo* avec les différents points principaux des Asturies.

Une de ces routes va à *Ribadeo*, ville avec un port, et passe par *Cangas-de-Tineo*; elle communique à *Castropol*, qui est, ainsi que *Ribadeo*, à l'embouchure de la rivière de *Miranda*; elle traverse *Luarca*, *Portezuelo* et la ville de *Navia*, située sur la rivière de son nom, avec un port considérable et commerçant.

Une autre route va d'*Oviedo* à *Llanes*, petit port de mer, et passe par *Cangas-de-Onis*. Il y a 23 lieues de *Riba* ou *Ribadeo* à *Oviedo*, et 18 lieues de cette dernière ville à *Llanes*, par les susdits chemins. Cangas-de-Onis est une des principales villes des Asturies, au confluent de la *Vua* et du *Chico*. On remarque près de là la célèbre abbaye de *Cobadonga* et le monastère de *Saint-Pierre-de-Villanosa*, qu'on dit être bâti sur l'emplacement d'un palais d'Alphonse Ier. Les environs sont riants et très-fertiles.

N° 24.

ROUTE DE MADRID A SANTIAGO,

PAR ORENSE.

Noms des relais.	Leguas ou l. esp.	Noms des relais.	Leguas ou l. esp.
De Madrid à Benavente.	32	Report......	57
V. page 57.		Vérin..........	4
Sitrama...........	3	Albavides.........	3
Vega de Tera........	3	Alloriz..........	3
Monbuey..........	3	Orense *..........	4
Remesal...........	3	Pinor...........	2
Puebla de Sanabria....	3	Villanueva de la Gesta..	4
Requejo...........	3 ½	Castrovite..........	4
Canizo...........	3 ½	Santiago *..........	4
Novallo...........	3		
	57		85

TOPOGRAPHIE.

On trouve sur cette route beaucoup de riches coteaux et de vallons délicieux.

* Orense, ville située au pied d'une belle montagne, sur la rive gauche du *Minho*, qui y passe grossi de la rivière de *Sil.* On y voit un pont d'une seule arche, mais si grande qu'un vaisseau peut passer dessous. Cette ville, avec beaucoup de sources d'eau chaude, a un territoire agréable et fertile.

* Santiago, Saint-Yago ou Saint-Jacques-de-Compostelle, ville, chef-lieu de la Galice, située sur une colline au pied de laquelle passe la rivière de *Saria.* Son territoire offre une presqu'île formée par les rivières de *Tambra* et d'*Ulla*, qui rendent sa plaine et tous les environs riches et agréables. Elle possède plusieurs édifices, un hôpital, une belle cathédrale sous l'invocation de Saint-Jacques-le-Majeur, et qui attire un grand nombre de pélerins, et une université; on y trouve une fabrique de bas de soie, trois de chapeaux, une de papier et trois tanneries. Pop. 25,000 hab.

COMMUNICATION

DE SANTIAGO A LA COROGNE, 13 lieues.

TOPOGRAPHIE.

Le chemin est d'une grande beauté. A *Carral* 4 l. on passe une rivière sur un long pont; le pays est couvert de côteaux que l'on monte et descend, et dont la perspective est agréable; puis on va à *Paulo* 3 l., *Betanzos* 3 l., la *Corogne* 3 l. On arrive à la Corogne par un faubourg qui longe le fond de l'anse servant de port. Le coup d'œil est des plus pittoresques. On découvre à la fois le port, les châteaux ou forts, la rade et une grande étendue de mer.

Lorsqu'on arrive à la Corogne par mer, on jouit d'une vue également belle : sur la droite de la baie on voit la tour d'Hercule, les châteaux et la ville; sur la gauche un fanal, le cap *Prior* à l'entrée de Ferrol, et une chaîne de montagnes où donne l'embouchure de quelques rivières.

COMMUNICATIONS.

D'Orense à Pontevedra.................... 14 l.
D'Orense à Vigo........................ 12 l.
D'Orense à Tuy........................ 10 l.

TOPOGRAPHIE.

* Ponte-Vedra, ville agréablement située sur une baie à l'embouchure de la petite rivière de *Leriz*, et sur un mamelon d'où la vue s'étend d'un côté sur la mer, et de l'autre sur des collines couvertes de vignes. On y fait le commerce de sardines. Il s'y trouve une auberge française. Pop. 2,000 hab.

* Vigo, ville bâtie sur un rocher situé dans un petit golfe. Son port est vaste et excellent. Il y a deux fabriques de chapeaux, deux de savon et une de cuir. Pop. 2,000 hab.

De *Vigo* à *Tuy*, 2 l. de chemin praticable à cheval et à travers des montagnes.

* Tuy, ville bâtie sur le plateau d'une hauteur au pied de laquelle coule la rivière de *Minho*, et à peu de distance de son embouchure. Elle est en face de *Valencia*, place forte portugaise : ces deux villes sont assez voisines pour pouvoir se battre à coups de canon. On y fait peu de commerce. Il y a des fabriques de toiles de ménage. Pop. 4,000 hab.

On va de *Tuy* à *Bayona*, distance de 2 l. et à 4 de *Pontevedra*. Son port est commode, et son territoire très-fertile.

Plusieurs beaux chemins partent des villes maritimes de l'ouest de la Galice et se réunissent tous à *Croace*, où vient aboutir la grande route de Madrid, qui traverse le royaume de Léon.

N° 25.

ROUTE DE MADRID A LA COROGNE,

PAR ASTORGA ET LUGO.

Noms des relais.	Leguas ou l. esp.	Noms des relais.	Leguas ou l. esp.
De Madrid à Benavente.		*Report*............	68
V. page 57...........	41	Venta de Noceda.....	3 $\frac{1}{2}$
P.te de la Bisana........	3	Becerrea.............	3
Bañeza..............	4	Sobrado.............	3
Astorga *..........	3 $\frac{1}{2}$	Lugo *..............	3
Manzanal...........	3 $\frac{1}{2}$	Valdomar............	3
Bembibre...........	3 $\frac{1}{2}$	Salgueyro...........	3
Cubillos............	2 $\frac{1}{2}$	Guiloriz............	3
Villafranca de Vierzo *..	3	Bétanzos *...........	2 $\frac{1}{2}$
Ruitalon............	4	La Corogne *........	3
	68		95

TOPOGRAPHIE.

* Astorga (*Asturica Augusta*), ville située dans une belle plaine, sur une hauteur. Dans son territoire se trouve le lac *Sanabria*, d'une lieue de longueur sur une demie de largeur, dans lequel la rivière de *Tuerto* passe si rapidement, qu'elle élève des vagues qui rivalisent celles de la mer ; au milieu de ce lac est un rocher sur lequel est bâti le vieux château des comtes de Benavente. Il est très-poissonneux, surtout en truites, ainsi que la rivière de *Tuerto*, qui baigne les murs d'*Astorga*. Les Français prirent cette ville le 21 avril 1811. Pop. 3,400 hab.

* VILLAFRANCA, ville près de la rivière de *Valearse*, entourée de montagnes qui forment le joli vallon où elle se trouve. C'est le passage en Galice. Après avoir quitté le chemin royal, la route devient pénible, mais le paysage est agréable et pittoresque, arrosé par une rivière sinueuse.

* LUGO, ville située sur une hauteur, et près des bords du *Minho*, à 13 lieues de sa source. On y fait des ouvrages en laine. Il y a dans son territoire quantité de sources d'eau thermale tempérée et bouillante. Ses environs sont bien cultivés. On pêche dans le *Minho* des truites, des saumons et des lamproies.

En sortant de *Lugo*, le chemin est beau et le pays bien cultivé jusqu'à *Bahamonde*. On s'arrête si l'on veut à la *Posada de Castellana*, qui est fort bien tenue.

* BETANZOS est situé sur le penchant d'une petite colline au pied de laquelle passe les rivières de *Mandeo* et *Mende*. On trouve dans ce canton beaucoup de bestiaux, de poisson et bon vin.

Après avoir quitté *Betanzos* on passe sur un pont de bras de mer, ou plutôt l'embouchure de la rivière de *Mandeo*, et on entre dans la route royale, qui est fort belle.

* LA COROGNE, ville riche et port sur l'*océan Atlantique*, partie dans la petite presqu'île de la tour d'Hercule, et partie sur l'isthme qui joint cette presqu'île au continent entre l'anse d'Orzan à droite, et un enfoncement de la baie de Betanzos, qui forme un vaste port de la forme d'un croissant. On la divise en ville haute ou cité, et en ville basse ou *Pescaderia*. Elle a deux faubourgs. On remarque l'arsenal, la tour, le théâtre, une bibliothèque. C'est la résidence d'un capitaine général, d'un intendant, et le siége de la cour suprême de la Galice. Elle a une école de marine et d'artillerie; des consuls. Elle fabrique toiles d'habillement, linge de table, chapeaux, passementerie, peignes, cordages, etc. On y embarque une grande quantité de sardines, de bestiaux. Il se livra en 1809 dans cette ville fortifiée à l'antique un combat sanglant entre les Français et les Anglais sous les ordres de sir John Moore, qui y fut tué; ces derniers furent battus. Elle se rendit aux Français en 1823. Elle a un phare sur une montagne élevée qu'on aperçoit de 20 lieues à la ronde. Elle a des relations suivies avec l'Angleterre. Pop. 15,000 hab.

COMMUNICATION

DE LA COROGNE AU FERROL, 9 lieues.

TOPOGRAPHIE.

Depuis la *Corogne* jusqu'à *Betanzos*, vue très-belle et variée par les coteaux et les hautes montagnes. De cette *Villa* à *Cavanas* et au *Ferrol*, le terrain est toujours montueux. Pendant les trois dernières lieues on a en vue le cap *Prior* qui forme l'entrée du *Ferrol*, et on domine une vaste partie de l'Océan. Le coup d'œil est immense. On n'aperçoit le Ferrol que lorsqu'on est parvenu au sommet de la montagne sur le revers de laquelle cette ville est située.

On peut aussi passer de la *Corogne* au Ferrol dans une barque.

* LE FERROL, ville fameuse et bien bâtie, qui a un port royal sûr, étant garanti de tous les vents. On y fabrique des toiles à voiles. Les Français la prirent en 1809. Pop. 8,000 hab.

N° 26.

ROUTE DE LUGO A MONDONEDO.

Noms des relais.	Leguas ou l. esp.	Noms des relais.	Leguas ou l. esp.
Bendia.............	3	Report..........	6
Reygosa...........	3	Mondonedo *........	3
	6		9

TOPOGRAPHIE.

Route à travers les montagnes qui sont une suite de celles qui séparent les Asturies et le royaume de Léon. Elles sont remplies de vallons fertiles.

* MONDONEDO, ville située au milieu des montagnes, et au centre de plusieurs sources de fontaines et de ruisseaux. Les deux rivières, la *Sisto* et la *Ruzos* la séparent de son faubourg. La rivière de *Minho* prend sa source à peu de distance et au nord de la ville. Pop. 5,600 hab.

ROUTE OU CHEMIN DE LA CÔTE.

Il y a un chemin qui communique de la Corogne et du Ferrol avec les Asturies et la Biscaye, en suivant presque toujours les bords de la mer, et qui se nomme le *Chemin de la Côte.* Il n'est praticable que pour les mulets, encore est-il fort dangereux. Il aboutit à *Ribadeo*, petite ville bâtie en amphithéâtre, sur la pente d'un rocher. Elle a un port assez joli et très-bon. Sa position se trouve sur la rive occidentale et à l'embouchure de la rivière *Eo* ou *Rio Miranda.*

En parcourant le *Chemin de la Côte*, depuis la *Corogne* jusqu'à *Ribadeo*, on rencontre le cap *Ortegal.* A l'est on trouve *Bivero*, petite ville sur une montagne escarpée; au bas passe la rivière de *Bivero*, nommée aussi *Landrova*, dont l'embouchure forme un vaste port; de *Bivero* à *Ribadeo* on compte 9 lieues.

Si on visite les côtes depuis *Bayona* jusqu'à la *Corogne*, on trouvera encore une quantité de ports jusqu'au cap *Finistère*; près de ce lieu une ville de ce nom, et plus loin celle de *Muros*, sur la rive nord d'un petit golfe que forme l'embouchure de la *Tambra*; de l'autre côté est *Noya* et sa plaine fertile. Il y a un beau chantier pour la construction des vaisseaux.

N° 27.

ROUTE DE MADRID A SALAMANQUE.

De Madrid à Arevalo........................ 22 l.
D'Arevalo à Salamanque *................... 16 l.
De Salamanque à Zamora *.................. 17 l.
De Zamora à Toro *........................ 5 l.
                                          ─────
                                            60

TOPOGRAPHIE.

* Salamanque, grande et riche ville, dant la situation placée en amphithéâtre, entre trois montagnes et deux vallons, sur la riviére de *Tormes*, est pittoresque. On y voit un très-beau pont en pierre, qui contient 27 arches distribuées dans une longueur d'environ 500 pieds. Elle possède une cathédrale magnifique et une célèbre université; vingt-sept églises et beaucoup de couvents. Cette ville est commerçante, et l'on y trouve tout ce que l'on peut désirer. Les environs sont ornés de belles maisons de plaisance, de jardins et de villages. Pop. 14,000 hab.

* Zamora, ville située sur la rive droite du *Douro*, que l'on passe sur un très-beau pont. Dans les rochers voisins il y a des mines où l'on a découvert beaucoup de pierres précieuses. Son territoire est très-productif. Elle a une école de génie. P. 16,000 h.

* Toro est située dans le pays connu sous le nom *Tralo-Douro*, et sur la rive droite du *Douro*, et à l'extrémité d'une vaste et riche plaine. Pop. 7,500 hab.

COMMUNICATION DE SALAMANQUE A AVILA.

TOPOGRAPHIE.

Avant d'arriver à *Culvarrasa* on traverse beaucoup de montagnes, et l'on arrive à *Alva de Tormes*, par un beau pont de 26 arches sur la rivière de *Tormes*.

D'*Alva* jusqu'à *Pieerahita*, route étroite et raboteuse à travers des montagnes.

De *las Casas del Puerto*, qui est sur un site élevé, on va à *Villatero*. Le pays est charmant; montées et descentes fréquentes : mais les pentes sont fort douces; et jusqu'à *Avila* on ne voit que des plaines et vallées riantes.

* Avila, ville située dans une plaine, et entourée de murailles flanquées de tours à de très-petites distances les unes des autres. Elle possède une très-belle cathédrale et une université. Elle a donné le jour à sainte Thérèse. Pop. 4,000 hab.

(*Voyez* pour la route de MADRID A BADAJOZ, l'Itinéraire du Portugal).

FIN DE L'ITINÉRAIRE DE L'ESPAGNE.

ITINÉRAIRE

DU PORTUGAL.

PREMIÈRE PARTIE.

MANIÈRE DE VOYAGER.

Voituriers, notes instructives, remarques qui intéressent les voyageurs dans leur tournée; poids, mesures et monnaies.

L'HOMME riche que ses affaires obligent de parcourir ce pays, voyage dans sa voiture et avec ses mulets; ou s'il part d'une grande ville, comme de Lisbonne, Porto, Coimbre, Évora, il y peut prendre une calèche de louage. Ces calèches, attelées de deux mulets, sont toutes à deux roues et à deux places. Leur prix, qui varie suivant les saisons ou les circonstances, est actuellement d'environ 15 francs par jour, en comprenant les journées de retour. Elles font chaque jour 8 à 9 lieues du pays, c'est-à-dire environ un demi-degré, les lieues de Portugal étant de 17 $\frac{1}{2}$ au degré. Ceux qui voyagent en voiture sont dans l'usage de porter avec eux tout ce qui peut leur être nécessaire; draps, matelas, provisions. Ce n'est pas qu'on ne trouve des matelas dans les plus mauvaises auberges; mais ils sont souvent extrêmement malpropres; cependant l'on en trouve de passables à *Lisbonne, Évora, Setubal, Estremoz, Coimbre* et *Porto.* L'auberge d'*Antonio Bernadino Peixe*, dans cette dernière ville, est la plus belle et la mieux tenue.
Dans l'intérieur on trouve partout du vin, poisson salé, volaille, œufs, riz, et ordinairement du pain de froment, excepté dans les provinces du nord, où on ne trouve que du pain de maïs, qui est la nourriture ordinaire des habitants.
Les voyageurs auxquels leurs facultés ne permettent pas de louer une calèche, ont la ressource des almocrèves, c'est-à-dire, des messagers qui conduisent à dos de mulet, soit des dépêches, soit des marchandises, d'un endroit à un autre. On trouve toujours facilement à s'arranger avec eux, et même à bon marché, lorsqu'on sait s'y prendre, et ne pas trop leur marquer d'empressement. L'usage, dans ce pays, est comme en Espagne, de nourrir l'homme

qui vous conduit, indépendamment du prix de louage de sa voiture ou de ses mulets ; les Portugais ne le font presque jamais manger à une table différente de la leur. Ces conducteurs sont quelquefois très-peu complaisants, et cherchent facilement querelle à leurs voyageurs. Il est nécessaire d'être avec eux très-juste, mais très-ferme.

Enfin, ceux qui ne peuvent pas même faire les frais d'un mulet, trouvent dans tous les villages des ânes qu'on leur loue presque pour rien, et sur lesquels ils peuvent charger leurs effets et monter eux-mêmes. Ce sont ordinairement des enfants qui les conduisent.

Dans tous les autres pays de l'Europe, un voyageur peut souvent profiter, à un prix modique, d'une voiture de retour : il n'en est pas de même en Portugal ; un voiturier aimerait mieux retourner à vide, que de consentir à vous conduire pour un prix moindre que celui que vous lui paieriez s'il faisait le voyage exprès pour vous. Les chemins sont plus sûrs en Portugal qu'en Espagne ; cependant je ne conseillerais point à un voyageur de se hasarder seul et sans armes dans les chemins du Portugal, surtout du côté des frontières ; les contrebandiers étant presque aussi dangereux que les voleurs de profession.

A Lisbonne il faut se faire expédier un passe-port par le chef du quartier où l'on a logé. Ce passeport contient le nom du voyageur, le nombre de chevaux, mules et domestiques de sa suite, avec la permission de porter des pistolets et autres armes à feu. Quand on veut entrer en Espagne on fera bien de se procurer un autre passe-port de l'ambassadeur d'Espagne à Lisbonne. Dès qu'on présente ce dernier passe-port aux commis des douanes en Espagne, en l'accompagnant de la *buona mancia*, on est dispensé de toute visite ; ils se contentent d'ouvrir les coffres pour la forme.

On se rend d'Angleterre à Lisbonne, par le paquebot qui part de Falmouth tous les samedis, et qui fait quelquefois ce trajet en neuf jours. Il y a à Falmouth six de ces paquebots établis ; et M. Bernard se loue beaucoup de l'honnêteté des capitaines, et de la propreté et commodité de ces vaisseaux. On paie au capitaine quatre guinées pour le visa du passe-port, et seize guinées par personne, pour le trajet. Le prix ne baisse pas pour les enfants qui ont passé l'âge de cinq ans, ni pour les domestiques. Le voyageur ne peut quitter le bord à Lisbonne qu'après la visite d'un médecin portugais et des employés de la douane. On trouve des embarquements pour la France à Lisbonne et Oporto, de même au Havre et à Bordeaux pour Lisbonne. On peut aussi se rendre de Hambourg à Lisbonne, car de Hambourg pour cette ville partent par an dix à douze vaisseaux. Ce dernier trajet se fait en deux ou trois semaines ; et la dépense, y compris la nourriture, monte à environ douze ducats de Hollande. Depuis la paix générale, des paquebots partent régulièrement du port de Lisbonne pour l'Amérique-Portugaise. Il est défendu aux autres navires de se charger de lettres pour ces contrées. On a établi des postes aux lettres dans l'intérieur du Brésil et dans les îles Açores et de Madère.

TABLEAU

DES POIDS, MESURES ET MONNAIES.

POIDS.

La livre s'y divise en 2 marcs.
Le marc en 8 onces.
L'once en 8 gros ou octaves.
L'octave en 72 grains.
Ainsi le marc est subdivisé en 4,608 grains.
L'arrobe du Portugal équivaut à 32 livres : 4 arrobes forment le quintal.

Quintal.	Arrobes.	Livres.	Marcs.	Onces.	Octaves.
1	4	128	256	2,048	16,384

19 livres de Portugal répondent à 18 livres de Hambourg ; et l'arrobe à 28 livres anciennes de Paris.

POIDS POUR LES PIERRES PRÉCIEUSES.

Pour peser les pierres précieuses et les perles, on se sert du poids du karat. 17 $\frac{24}{64}$ karats forment un octave. Le karat se divise en 4 grains.

MESURES LINÉAIRES ET DE CAPACITÉ.

L'aune se divise en *vare* et en *covade*; la première est la plus longue ; 21 *vares* font 34 *covades*. 61 $\frac{3}{4}$ *vares* et 101 $\frac{1}{2}$ *covades* font 100 aunes de Brabant.
Les mesures liquides du Portugal sont les *bottes*, les *almules*, les *canadas* ; et pour l'huile, les *alquiers*, ou *canadas*.

Tonnel ou tonneau.	Pipes.	Almudes.	Alquiers ou bottes.	Canadas.
1	2	52	104	624
	1	26	52	312
		1	2	12

On mesure les grains par *moyos*, *fanegas* et *alquiers*.

Moyos.	Fanegas.	Alquiers.	Quartos.
1	15	60	240
	1	4	16

Quatre *moyos* ou muids de Lisbonne font le last d'Amsterdam. 240 *alquiers* font 19 setiers de Paris, ancienne mesure.

MONNAIES.

On compte, en Portugal, par *rées* ou *raix*, qui sont la plus petite monnaie du royaume.

Mille Crusados rées.	Crusados novos.	Crusados velhos.	Testones.	Reales.	Vintem.	Rées.
1	$2\frac{1}{2}$	$2\frac{1}{2}$	10	25	50	1,000
	1	$2\frac{1}{4}$	$4\frac{5}{5}$	12	24	480
		1	4	10	20	400
			1	$2\frac{1}{2}$	5	100
				1	2	40
					1	20

Mille rées = 6 francs 9 centimes nouvelle monnaie de France.

La crusade vieille vaut 480 rées, de même que la crusade neuve, en payant quelque chose pour le charriage ou le fret. Quand on note de grandes sommes de rées on marque les *conto de rées* ou 1,000,000, par un ou deux points, et le millième, par un signe rond avec un trait transversal, ou seulement par un petit trait.

La crusade d'or de 240,000 rées est très-rare, et l'on n'en frappe plus.

ESPÈCES D'OR. — Les espèces d'or fabriquées sous le règne actuel se divisent ainsi qu'il suit :

Des pièces de 6,400 raix, pesant 4 octaves, = 42 livres 13 sous 6 deniers, argent de France.

Les demi-pièces de 3,200 raix, pesant 2 octaves, = 42 livres 6 sous 9 deniers.

Les testons de 1,600 raix, pesant 1 octave, = 10 livres 13 sous 4 deniers. $\frac{1}{2}$.

Les testons de 800 raix, pesant $\frac{1}{2}$ octave, = 5 livres 6 sous 8 deniers $\frac{1}{4}$.

Les quarts d'or de 1,200 raix, pesant 54 grains, = 8 livres.

La crusade neuve de 480 raix, pesant 20 grains, = 3 livres 4 sous ancienne monnaie, = 2 francs 93 centimes nouvelle monnaie de France.

La crusade porte d'un côté une croix avec cette légende : *In hoc signo vinces*; et de l'autre, cette légende : *Maria 1 et P. III*, surmontée d'une couronne.

Espèces d'argent. — Les espèces d'argent doivent toutes être fabriquées au titre de 11 deniers. Elle se divisent ainsi qu'il suit :

La crusade neuve de 480 raix, pesant 4 octaves, = 2 francs 93 centimes, nouvelle monnaie de France.

Celle de 12 vingtains ou 240 raix, pesant 2 octaves.

Celle de 6 vingtains ou 120 raix, pesant un octave.

Celle de 3 vingtains ou 60 raix, pesant $\frac{1}{2}$ octave.

Le teston de 100 raix, pesant 4 grains.

Le demi-teston de 50 raix, pesant 2 grains.

Toutes les crusades portent, d'un côté, les armes du Portugal ; et de l'autre, une croix avec cette légende : *In hoc signo vinces.* Le nom vient de cette croix ; et cette monnaie commença d'être frappée sous Alphonse V, vers l'an 1457, lorsque le pape Calixte envoya sa bulle contre les mahométans. Le nombre de 400 est marqué sur le côté de l'écusson des crusades de 480 raix, parallèlement au millième. Le nombre 200 est pareillement marqué, ainsi que le millième, sur les pièces de 240 raix. Les testons et demi-testons portent, d'un côté, au lieu des armes ; savoir : les testons, ces chiffres romains LXXX, surmontés d'une couronne ; et les demi-testons, ceux-ci, XXXX.

Espèces de cuivre. — Les espèces de cuivre se divisent en pièces de 10 et de 5 raix.

Billets. — Les plus petits billets des dettes de la couronne sont de la valeur de 1,200 rées ou raix. Ce papier-monnaie a été émis en 1796.

TABLEAU DE LA CAPITALE.

LISBONNE. Long. E. à l'obs. 9° 0' 45". (Ile-de-Fer). Lat. 38° 42' 20" D. (En langue portugaise, Lisboa.) Pop. 200,000 hab.

Édifices remarquables, Curiosités. — Les principaux sont : la bourse, la maison de la compagnie des Indes, la construction du magnifique et vaste *palais royal d'Ajuda*, la continuation des bâtiments qui doivent former la belle place *do* Terreiro do Paço, le *caics d'Alfandega* ou quai de la douane. On remarque à la bibliothèque nationale la statue de la reine Marie, ainsi que celle du feu roi. On voit aussi dans l'hôpital royal de la marine le buste en marbre du roi, ainsi que celui du lord Wellington et plusieurs autres à Ajuda. On voit dans le grand arsenal le fameux canon de Diu. On admire la grande et superbe place *Terreiro do Paço*, aujourd'hui *Praça do Commereio* (place du commerce) : au centre est la statue équestre en bronze de Joseph Ier, ouvrage de mérite ; le sculpteur Machado de Castro en a fait le modèle ; le *Roscio*, place remarquable, avec le palais de l'inquisition ; l'église patriarchale : neuf grands candélabres et une croix d'argent dorée, méritent, avec les autres bijoux de l'église, de fixer l'attention ; l'église de Lorette, la nouvelle église, le plus vaste et le plus magnifique édifice qu'on ait construit depuis le tremblement de terre : il a coûté

cinq millions de crusades ; les greniers, l'hôtel des monnaies, l
casa des carnes, l'Alfangeda, la casa des esclaves, l'église de Saint
Roch : on voit dans une chapelle trois tableaux faits en mosaïqu
à Rome, et plusieurs autres curiosités ; l'autel est d'argent massif
le quartier entre les deux places du commerce et le Roscio, où l'o
trouve les plus belles rues nouvellement bâties ; les quais, qui son
superbes, et où les plus grands vaisseaux peuvent aborder : le fa
meux aqueduc d'*Alcantara*, qui passe d'une colline à une autre :
y a 35 arches : la plus grande a 107 pieds de large sur 230 pieds d
haut : cet aqueduc superbe, construit de marbre blanc en 1738
par l'architecte Manuel de Maya, a résisté au tremblement d
terre de 1755 ; l'observatoire, près du château de Saint-Georges
le port est un des plus beaux de l'Europe : il a deux lieues de ca
nal, à l'abri de tous les vents.

COLLECTIONS, CABINETS. — On distingue la bibliothèque royale, d
70,000 volumes ; on y trouve le seul exemplaire qui existe encor
du premier livre imprimé en Portugal : « *Estoria da muy nob
Vespasiano Emperator de Roma*, emprimado anno 496, 4 ». Les b
bliothèques, 1° sur la place du Commerce ; 2° chez les Bénédi
tins de Nossa Senhora ; 3° dans le couvent de Saint-Vincente d
Fora. Le cabinet royal d'histoire naturelle à Ajuda (une pièce un
que est le morceau de cuivre natif du poids de 2,616 livres, trouv
au Brésil), et le jardin botanique d'Ajuda ; le cabinet du marqu
d'Angega, le cabinet dans le couvent de N.-S. Jésus, les cabine
d'Araujo, de Rey, de Sambajo, de Tanzos.

INSTITUTIONS CHARITABLES. — L'hôpital de la Miséricorde ou d
Enfans-Trouvés, l'hôpital royal de Saint-Joseph, pour les infirm
de toutes les nations (de 16,670 malades qui y furent reçus dans
cours d'une année, 14,802 sortirent guéris), les associations sou
le nom de confréries de la Miséricorde.

FABRIQUES. — Lisbonne possède quantité d'ateliers et fabriqu
en tous genres, tels qu'armes, bijouterie, chapeaux, ouvrages e
cuivre, draps, étoffes de laine, fonderies, filatures, porcelaine
raffineries de sucre, ouvrages au tour, papeteries, excellent choc
lat et confitures très-renommées ; soieries, toiles à voiles, faïenc
revêche, tabac rapé, verrerie royale à Belem. Suivant M. Ruder
on compte à Lisbonne 393 maisons de commerce, dont 150 a
partiennent à des étrangers.

AUBERGES. — A l'hôtel Anglais, rue de *Boavista* ; à la Piémon
taise ; à Calcada de estrella (ces trois auberges passent pour le
meilleures). Le moindre prix d'un appartement y est de 2 teston
le prix d'un dîner, 6 testons. Il y a des auberges d'un rang infe
rieur, où l'on ne paie qu'un teston par jour pour le logis, et où l'o
peut dîner pour 2 à 3 testons ; 2 testons équivalent à 25 sous a
gent de France. On trouve peu de chambres garnies à Lisbonne
il y en a cependant quelques-unes, pour le prix de 30 à 40 liv. p
mois, argent de France. Les *Frigideiros* sont des boutiques am
bulantes où l'on vend des sardines grillées.

PROMENADES. — Le jardin du couvent *Das necessitades*, situé a pied de la colline de Buenos-Ayres : il est très-beau et sert de promenade à la bonne compagnie; les promenades près du Roscio, où sont aussi les deux théâtres et le cirque pour les combats des taureaux.

SPECTACLES, FÊTES. — Les principaux sont : l'Opéra Italien, la Comédie Portugaise ; les Combats de taureaux : les Portugais garnissent les cornes de leurs taureaux de pièces de bois, pour ces combats : les assemblées et les bals. (un étranger y est admis pour un mois.)

LIVRES A CONSULTER. — Tableau de Lisbonne, à Paris, 1799, in-8°. Il en a paru une traduction allemande à Leipsick, enrichie de notes instructives par le docteur Tilesius (le même qui a fait le voyage autour du monde, sur les vaisseaux russes).

PLANS. — Il existe deux vues de Lisbonne et de Belem, bien exécutées, publiées à Londres par Georges Hawkins, en deux grandes feuilles. On trouve aussi le plan de cette ville dans le voyage en Portugal, par Murphy.

ENVIRONS. — Dans les jardins de *Belem* se trouvent deux statues venues de Rome, comparables à tout ce qu'on voit de plus beau en Italie; la ménagerie royale. On voit près du château de Belem une inscription placée à l'endroit où était la maison-d'un des conjurés, rasée après son exécution, en 1759. Dans le cloître attenant à l'église, il y avait des arabesques d'une composition riche et élégante. Belem a été incendié en 1794. Le jardin de *Notre-Dame de Bon Secours* près de Belem, (les serres sont digⁿes d'êtres vues, les plafonds en sont proprement peints à fresque). *Mafra,* établissement magnifique, contenant un palais, une église et un monastère. Les bâtiments forment un carré d'environ 728 pieds. Le nombre des appartements s'élève à 870, les portes et fenêtres à 5,200. Le couvent a 300 cellules, 68 statues de saints, en marbre de Carrare, d'un assez bon travail; celle de saint Jérôme, par Filippo Valles, se distingue des autres. Le couvent sur le sommet du cap Roch; ce couvent n'est proprement qu'un ermitage formé de plusieurs grottes et de caves, où mène un seul chemin voûté que la nature elle-même a tracé à travers un rocher. Le tremblement de terre qui ravagea Lisbonne s'y est fait sentir avec toute sa fureur; mais il n'a rien pu détruire. Les habitations n'en peuvent souffrir que par la ruine totale de la montagne même. La singularité particulière de cette retraite est que les murs et les planchers sont couverts de liége, pour les préserver de l'humidité, ce qui lui a fait donner, par les marins anglais, le nom de *Couvent de Liége.* La vue y est d'une étendue surprenante. *Cintra,* séjour favori des étrangers dans un pays délicieux, embelli par des quintas : on y trouve une bonne auberge dite l'Anglaise; sur le sommet du rocher de Cintra, élevé de 3,000 pieds au-dessus de la mer, est bâti un monastère qui semble suspendu au-dessus de l'abîme; non loin de là est un ancien bain du temps des Maures, qui fournit l'eau au village. *Penha-Verde,* dans une situation charmante à Cintra, et jadis la résidence du grand Don Inès de Castro. On voit

dans le jardin une inscription samskrite et deux autres monuments,
trophées obtenus dans l'Inde par ce héros. Le palais de *Queluz* :
on voit dans l'un des appartements l'histoire de Don Quichotte
peinte sur dix-huit panneaux. Le couvent de religieuse d'*Odiveras* :
les célèbres Lettres d'une religieuse portugaise ont été écrites dans
ce séjour de la tendresse et de la volupté. On y vend des bourses
d'ouvrages, des dentelles, des gants qu'on travaille avec des feuilles
d'aloès du Brésil.

TREMBLEMENT DE TERRE DE 1755. —Ce tremblement général, qui
a parcouru toute l'étendue de notre globe, et passé même dans
les îles de l'Océan et de l'Amérique, renversa presque toute la
ville de Lisbonne. Ce fut le 1er novembre à neuf heures et demie
du matin, le ciel paraissant pur et sans nuage, qu'on ressentit la
première secousse. On évalua dans le temps les pertes de ce jour
de calamité à une somme immense ; celle des maisons particulières, à 700 millions de livres ; celle des meubles incendiés, à 1,200 ;
celle des vases sacrés, statues, tableaux, etc., à 32 millions. On
ne voit pas aujourd'hui un seul bon tableau des écoles d'Italie. Le
petit nombre de ceux qui étaient à Lisbonne a péri dans ce tremblement. L'on fait monter à plus de 80 millions la perte des diamants, tant de la couronne que des dames portugaises. On assure
que le total de la perte que les étrangers ont faite en argent ou
marchandises, passe 240 millions ; savoir, l'Angleterre, 160 ; Hambourg, 40, l'Italie, 25 ; et les autres pays et villes à proportion.
On estime différemment le nombre des personnes qui ont péri :
les uns disent 15,000, d'autres 24,000, d'autres enfin, 70,000. La
plus grande mortalité était dans les églises.

MÉLANGE. — Lisbonne s'élève des bords du Tage en un magnifique amphithéâtre. On ne pouvait pas faire choix d'un site plus
analogue à la grandeur d'une métropole. Les nouvelles rues sont
larges, bien percées et garnies de trottoirs pour les gens de pied.
Mais elles ne sont point éclairées, de sorte qu'un étranger n'y
saurait marcher de nuit sans péril ; de plus, elles fourmillent de
chiens. L'air est très-vif à Lisbonne ; cela varie d'après les situa-
tions des quartiers. La cinquième partie des habitants, à peu
près, sont nègres ou mulâtres. Tout le monde se sert à l'ordinaire
de chaises à deux roues ; mais les jours de gala on voit beaucoup
d'équipages à quatre roues. Les gentilshommes ont coutume d'ê-
tre chapeau bas dans leurs voitures : quand un domestique s'y met
avant de conduire son maître, il doit être couvert, pour éviter une
méprise. Les gens de qualité sont habillés à la française. Lorsqu'on visite une personne d'un rang au-dessus de celui du commerçant, l'usage exige qu'on porte une épée et un chapeau. Si l'on
vient vous voir en habit de deuil, vous devez rendre la visite dans
le même costume. Les bottes doivent être au moins armées d'éperons. Le maître de la maison vous précède lorsque vous sortez ; il
vous suit lorsque vous entrez. Un cabaret s'annonce par une branche de vigne ; une maison à louer, par du papier blanc ; la porte
d'une accoucheuse, par une croix blanche. Les hommes sont en

général désignés par leur nom de baptême. Les dames portent de très-grands bouquets ; les manches de leurs robes sont assez larges pour y faire entrer celle d'une veste ou d'un corset juste au bras. Les cortéïos sont ici ce que sont les cicisbés en Italie. Les processions font partie des amusements publics ; la procession de la Fête-Dieu et celle dos Passos sont les plus célèbres. Dans les huit derniers jours du carnaval, les dames prennent le plaisir d'inonder les passants, par le moyen de petites seringues ; et les hommes qui sortent ont soin de s'habiller en conséquence. La campagne des environs de Lisbonne offre de tous côtés des forêts de citronniers et d'orangers entrecoupées de vignes et de plantations d'oliviers, et de quitas ou maisons de campagne ; les plus belles sont à *Benifica* et à *Laranjeiras* ; la première est surtout remarquable par sa collection de plantes exotiques. Les grands chemins sont bordés d'aloès dont les tiges hautes de 12 à 14 pieds, et les fleurs, sont un spectacle bien frappant pour un voyageur qui vient des climats froids.

DISTANCES. — Cette ville est à 75 l. O.N. de Séville, 36 S.O. de Coimbre, 102 S. de Compostelle, 106 O. de Madrid, 350 S.O. de Paris.

DEUXIÈME PARTIE.

ITINÉRAIRE DES ROUTES.

N° 1.

ROUTE DE LISBONNE A OPORTO.

Noms des relais.	Leguas ou l. esp.	Noms des relais.	Leguas ou l. esp.
Alberca	4	*Report*	27
Villafranca...........	2	Cartaxo	2
Tigarro.............	5	Coimbre............	3
Candiciros...........	3 ½	Pedreira...........	4
Chao Pardo..........	3 ½	Vonga.............	4
Leiria*.............	3	Pinheiro...........	3
Alamera............	2	San Joao de Madeira..	2
Pombal	2	Corvo..............	3
Redinha.............	2	Oporto.............	2
	27		50

TOPOGRAPHIE.

On peut se rendre de *Lisbonne* à *Oporto* en un jour. La distance est de 50 lieues.

Les *ventas* sont des espèces d'auberges isolées, ordinairement placées à 4 ou 5 lieues l'une de l'autre.

On peut s'arrêter en chemin au monastère royal de *Batalha*. L'église est d'une belle architecture gothique; il n'est certainement en Europe aucun frontispice gothique qui puisse être comparé à celui de cette église pour l'élégance. La voûte ou coupole de la salle du chapitre, et le mausolée du roi Emmanuel, sont deux monuments qui font honneur à l'industrie humaine. La route qui mène à *Batalha* est très-bonne, à travers des plantations d'oliviers et de forêts de liège.

* LEIRIA, ville située dans une vallée fertile et bien cultivée. On y voit encore le palais à demi-ruiné, où habitait le grand roi Denis. Les collines sont ombragées de superbes forêts de sapins. Dans les environs on voit la superbe verrerie de *Marinha*, qui fournit aux

besoins de la plus grande partie du Portugal et de ses possessions d'outre-mer. Cette ville est très-commerçante. Pop. 2,040 hab.

A gauche, à 5 l. S.E. de Leiria, est *Alcobaza*, ville près de la mer, avec cinq églises; on admire celle du monastère royal comme une des premières, et peut-être un des plus magnifiques monuments du gothique moderne en Europe. Pour marquer l'étendue du monastère, les Portugais disent que ces cloîtres sont des villes, sa sacristie une église, et celle-ci une basilique. La chapelle des novices renferme une des plus belles collections de tableaux du royaume. Dans le trésor du monastère on remarque un calice d'or d'un travail superbe. Dans l'église reposent les corps de plusieurs rois, parmi lesquels on compte Don Pedro 1er, et la célèbre *Inés de Castro* son épouse. On évalue les revenus de ce couvent à 180,000 crusados. Les religieux sont au nombre de 130, tous gentilshommes. Cette ville fabrique tissus de coton, dont 250 métiers mus par des mécaniques, mouchoirs de couleur et linge de table. Pop. 5,000 hab.

Il faut visiter les ruines d'un château maure sur une colline.

* Pombal, bourg, avec un beau palais et des ruines d'un ancien château. Ce lieu a donné son nom à ce grand ministre dont l'histoire perpétuera le souvenir : ses cendres sont déposées dans l'église paroissiale. Pop. 4,850 hab.

* Coimbre (*Coninbriga*), grande et célèbre ville sur la rive droite du *Mondego*, qu'on y passe sur un beau pont. Cette ville, mal bâtie, a des rues étroites, sales et escarpées, s'élève en amphithéâtre sur le penchant d'une colline. On remarque la cathédrale, le couvent de Sainte-Claire, où se trouvent le corps de sainte Isabelle, le collège des arts, l'université avec dix-huit collèges qui en dépendent; on y comptait 1,400 étudiants en 1817; un jardin botanique et une bibliothèque de 40,000 volumes y sont attachés; un musée d'histoire naturelle, un cabinet de physique. Elle possède un riche évêché, de beaux ponts. Cette ville fabrique faïence, toiles, ouvrages en corne et autres, et forme par sa position le centre d'un commerce important. Ses environs, agréables, abondent en vignes, oliviers, fruits. Coimbre soutint plusieurs sièges mémorables, et souffrit beaucoup du tremblement de terre de 1755. Les Français y entrèrent le 27 septembre 1810, après avoir forcé les Anglais dans les gorges et dans les défilés du Mondego. Un certain nombre de Français de l'arrière-garde du maréchal Masséna fut fait prisonnier par le général Trant, en octobre 1810. Pop. 16,000 hab.

* Oporto *ou* Porto, la seconde ville du royaume, compte dans ses artisans la moitié de tonneliers. Le principal commerce de cette ville est celui de ses vins, dont l'exportation annuelle est de 20,000 pipes, et dont le prix courant est de 10 à 12 livres sterling. On évalue la récolte annuelle à 80,000 pipes; il y a à Oporto une compagnie qui jouit du privilège exclusif de ce commerce, à l'exception d'un seul district, où les Anglais achetaient presque toute la récolte. Les marchands ont des caves voûtées considéra-

bles, dont quelques-unes tiennent 6 à 7,000 pipes. Un vaisseau, en arrivant, doit attendre les préposés de la douane, visite avant laquelle il est défendu de descendre à terre, sous peine d'emprisonnement. L'importation du tabac et du savon, en quelque quantité que ce soit, est absolument prohibée. On va sur la rivière de _Douro_ dans des espèces de gondoles semblables à celle de Venise. Les quais sont magnifiques; mais la plupart des rues si escarpées, que les passants ont plutôt l'air de grimper que de marcher. On remarque l'archevêché et l'Opéra, l'hôpital général et le comptoir anglais; on distingue une porte et des prisons d'un bon style. Les casernes sont sur une éminence : l'usage veut qu'en y entrant on salue la sentinelle. Il y a à Oporto des fabriques de chapeaux qui sont très-estimés. En 1809 une bataille sanglante en livra les portes au maréchal Soult. Ce guerrier, à la tête de 25,000 hommes, attaqua cette ville couverte par 60 batteries et défendue par une population de 80,000 combattants.

Voyez _Descripçao topografica e historica du Cidada d'Oporto, enriquecida con estampas, etc, faita por a R. Costa. Lisboa_, 1802.

D'Oporto à Almeida, 66 heures; d'Oporto à Salamanque, 26 heures $\frac{3}{4}$, de Salamanque à Valladolid, 36 heures; de Valladolid à Madrid, par Ségovie et l'Escurial, 50 heures.

COMMUNICATION

DE VOUGA A AVEIRO, 3 lieues.

TOPOGRAPHIE.

* AVEIRO, ville maritime, à l'embouchure de la _Vouga_; on a construit une digue très-élevée. Cette ville, ceinte de murailles, est le siége d'un évêché, d'une douane; elle a plusieurs églises, deux hospices, un collége. Elle commerce en sel, poisson, huile, vin et oranges. Ses environs abondent en volaille. Pop. 4,200 hab.

N° 2.

ROUTE DE LISBONNE A MADRID,

PAR BADAJOZ.

Noms des relais.	Leguas ou l. esp.	Noms des relais.	Leguas ou l. esp.
Aldea Galega *.........	5	*Report.........*	54
Pregones	3	Casas del P^{te} de Miravete.	3
Vendas Novas.........	4	Almaraz *..........	2
MontemorNovo........	3	Navalmoral..........	4
Arraydos	3	Calzada de Oropesa...	1
Venta del Duque......	3	Oropesa	4
Estremoz.............	2	El Canizo............	4
Alacravizas	4	Talaveyra de la Reyna *.	2
Elvas *...............	3	Casalejas	2
De Badajoz à Mérida *..	9	Seralbo..............	3
Venta de la Guia......	3	Maqueda	2
Miajadas.............	3	Sta Crux del Retamer..	3
Puerta de Santa Cruz...	3	Valmojado *.........	2
Truxillo *.............	2	Novalcarnéro........	2
Carrascal.............	2	Mostoles *..........	3
Jaraycejo *...........	2	Madrid.............	3
	54		94

TOPOGRAPHIE.

* ALDEA GALEGA, petite ville commerçante, au milieu d'une île formée par le *Tage*, vers son embouchure. Pop. 4,000 hab.

A 3 lieues d'Arraydos est

* EVORA, capitale de la province, avec archevêché, fut, dit-on, le séjour de prédilection de *Sertorius*, auquel on attribue l'érection du magnifique aqueduc qui fait encore l'admiration du voyageur. Ses environs devinrent le champ de bataille où les Espagnols furent honteusement et complètement battus en 1663.

* ELVAS, dernière ville du Portugal. On visite à *Elvas* les paquets des voyageurs; il faut faire la déclaration des meubles et de l'argent; on vous donne un *albara*; et tout cela ne se fait pas gratuitement.

A un mille d'*Elvas* on passe à gué une petite rivière qui sépare le Portugal de l'Espagne. Il y a à *Elvas* une citerne qui peut fournir de l'eau à toute la ville pendant six mois.

* MÉRIDA (Emerita Augusta), ville fort ancienne. On y entre par un pont de 61 arches, sur la *Guadiana*. Elle offre plusieurs

restes d'antiquités, entr'autres une espèce de colonne surmontée d'une statue équestre, deux aqueducs, un amphithéâtre, un cirque, une naumachie et un arc de triomphe. Pop. 3,650 hab.

* TRUXILLO *ou* TRUJILLO, est la patrie de *Pizarre*, conquérant du Pérou.

* A une heure de *Jaraycejo* on met pied à terre, on dételle les mules, des bœufs descendent la voiture par un chemin roide et raboteux. On passe la rivière *del Monte* sur un pont, et les bœufs hissent la voiture au haut de la montagne, qui est une échappée de la chaîne de montagnes dite la *Sierra de Guadelupe*. On remar- à Jaraycejo beaucoup de restes d'architecture moresque.

* ALMARAZ, bourg à ¾ de lieues du *Tage*, avec un beau pont. On admire son église paroissiale, ornée de quatre colonnes doriques. Il se livra dans ce lieu, en 1810, un combat sanglant entre les Français et les Anglo-Espagnols. Pop. 1,000 hab.

* TALAVEYRA DE LA REYNA, ville, avec des manufactures. On y voit des restes d'un ancien palais des rois Maures, un pont sur le fleuve, un grand nombre d'églises, de couvents et d'hôpitaux, et une salle de spectacle. Il s'y livra en 1809 une bataille entre les Français et les Anglo-Espagnols, à l'avantage de ces derniers.

* VALMOJADO, Entre *Alamo* et *Arroyo Molinos* on passe le *Guadarama* à gué. Il y a un pont de bois ; mais nous doutons que des voitures bien chargées puissent le passer en sûreté.

* MOSTOLES. Il y a une église dont tout est doré, jusqu'à la voûte.

Voyez le tableau des principales villes d'Espagne. Avant d'entrer dans Madrid on passe le *Mançanarès* à gué, ou sur le beau pont de Ségovie.

Pour aller de *Lisbonne* à *Madrid* on peut choisir sa route de manière qu'on passe ou par *Saint-Ildefonse*, ou par l'*Escurial*, ou par *Aranjuez*.

N° 3.

ROUTE DE COIMBRE A BRAGA.

Noms des relais.	Leguas ou l. esp.	Noms des relais.	Leguas ou l. esp.
Galhano............	3	*Report*........	21
Griz	4	Santa Marta........	2
Sabujoza..........	4	Carneiro............	2
Viseu *............	2	Deveza............	2
Mamouros	3	Guemaraens *........	3
Bigorne	2	Braga *............	3
Lamego *..........	3		
	21		33

TOPOGRAPHIE.

* VISEU, ville, avec un siége épiscopal, située sur une éminence, dans une plaine fertile, environnée d'orangers, châtaigniers et lin, est la résidence du *gouvernador das armas*. On y trouve deux tours de construction romaine. Il s'y tient chaque année, dans le mois de septembre, une foire dans laquelle on fait des affaires pour la valeur de plusieurs millions en bijoux, ouvrages d'or et d'argent, draps et bestiaux. Elle a des mines d'étain dans son voisinage. Population, 9,160 hab.

* LAMEGO, ville située près le *Douro*, dans une vallée entourée de montagnes, commerce en bons vins, bestiaux et jambons. Elle a un siége épiscopal et une bonne citadelle. Pop. 4,500 hab.

* GUEMARAENS, ville près la *Dave*, fut autrefois le séjour des rois de Portugal, dont on voit des restes de leurs beaux édifices. Elle a des maisons bien construites, des rues larges, des fabriques de bonnes toiles. Pop. 6,000 hab.

BRAGA (Bracara), belle et forte ville, avec archevêché, est située sur une hauteur, au milieu d'une riche plaine entre le *Cavado* et la *Deste*. Elle a des murs flanqués de tours, un château-fort, des rues larges et bien percées. On remarque les places, la cathédrale, le palais archiépiscopal et sa bibliothèque, plusieurs églises, un collége, un séminaire, des hospices, des restes de monuments romains et des eaux sulfureuses. Elle fabrique armes, toiles, chapeaux et couteaux, et possède des blanchisseries de cire. Population, 15,000 hab.

A l'est, près de cette ville, se trouve sur une colline le fameux sanctuaire de *Senhor Jesus do Monte*, qui attire chaque année un grand nombre de pèlerins.

Nº 4.

ROUTE D'OPORTO A TUY.

Noms des relais.	Leguas ou l. esp.	Noms des relais.	Leguas ou l. esp.
Casal de Pedro........	4	*Report*.........	12
Barcelos.............	3	Valencia *..........	5
Ponto Nova..........	4	Tuy *..............	$\frac{1}{4}$
Ponte de Lima *.......	1		
	12		$17\frac{1}{4}$

TOPOGRAPHIE.

* PONTE DE LIMA, jolie ville sur la rivière du même nom, située sur l'emplacement du *Forum Limicorum* des Romains. Elle a un superbe palais, un beau pont et trois hôpitaux. Pop. 2,000 hab.

* VALENCIA, la troisième place forte du royaume.

* TUY, *voyez* page 61.

N° 5.

ROUTE D'OPORTO A BRAGANCE ET MIRANDA.

Noms des relais.	Leguas ou l. esp.	Noms des relais.	Leguas ou l. esp.
Carriza.............	3	*Report*.........	24
Villanova............	2	Villartao...........	2
Braga , *voyez* page 79...	3	Vinhaes ....:.......	4
Pardieiros	3	Bragance *..........	4
Buivaens	3	Onteiro *...........	3
Alturas.............	4	Vimiozo............	3
Chaves *............	4	Miranda *..........	3
Monforte...........	2		
	24		45

TOPOGRAPHIE.

* CHAVES (Aquæ-Blaviæ), place forte, sur la *Tamega*, au pied d'une montagne, avec deux petits forts, un sur chaque rive. On remarque un pont de seize arches sur la *Tamega*, que l'on attribue à l'empereur Trajan, des bains, des fabriques, deux hôpitaux, un hospice et des eaux minérales. Elle conserve encore quelques restes de son antiquité. Pop. 5,200 hab.

* BRAGANCE, ville forte, sur un plateau très-peu boisé, près de la *Fervenza*, avec un évêché, un collège, et des manufactures de velours et de taffetas. Jean II, duc de Bragance, y fut élu roi de Portugal en 1640, sous le nom de Jean IV, et c'est la tige de la famille régnante. Pop. 4,000 hab.

* ONTEIRO, bourg entre les rivières de *Sober* et *Macas*, avec un château qui domine la route, est situé sur une montagne.

* MIRANDA, ville épiscopale, au confluent du *Fresno* et du *Douero*. Elle a un évêché et un séminaire. L'explosion de son magasin à poudre la réduisit presque en cendre durant le siége qu'en firent les Espagnols en 1762. Pop. 800 hab.

N° 6.

ROUTE DE CHAVES A TORRE DE MONCORVO.

Noms des relais.	Leguas ou l. esp.	Noms des relais.	Leguas ou l. esp.
Villardao............	3	*Report*........	8
Riotorto............	2	Villaflor	3
Mirandella *..........	2	Torre de Moncorvo *...	3
Frechas...............	1		
	8		14

TOPOGRAPHIE.

* MIRANDELLA, jolie ville sur la rive gauche de la *Tuela*, dans une campagne très-fertile ; un pont de pierre de 19 arches la réunit à *Golfeira*, qu'on regarde comme un de ses faubourgs. Pop. 1,000 hab.

* TORRE-DE-MONCORVO, ville bâtie sur une colline, dans une région très-montueuse, près du *Sabor* et du *Douro*. Elle a une filature de soie, et l'on en recueille beaucoup dans son territoire. Pop. 1,700 hab.

N° 7.

ROUTE DE COIMBRE A CUIDAD RODRIGO.

Noms des relais.	Leguas ou l. esp.	Noms des relais.	Leguas ou l. esp.
Murcella................	4	*Report*.........	20
Galices	5	Pinzio..............	3
Maceira.	2	Almeida *...........	1 ½
Villa Cortes	4	Moral..............	1 ½
Celorico *.............	2	Ciudad Rodrigo *.....	3
Guarda *.............	3		
	20		29

TOPOGRAPHIE.

* CELORICO, bourg au pied de la *Sierra Estrella*, à la source du *Mondego*, avec un château, trois églises et une école pour la filature de la laine. Pop. 1,600 hab.

* GUARDA, bourg situé sur une montagne de la *Sierra Estrella*, non loin de la source du *Mondego*, renferme une belle cathédrale et un séminaire. C'est le siége d'un évêque. Pop. 2,400 hab.

* ALMEIDA, ville située sur une colline, près de la *Coa*, une des meilleures places du royaume, a une église, deux hospices. Les Espagnols la prirent en 1762, et les Français en 1810. Pop. 2,000 habitants.

* CIUDAD-RODRIGO. *Voyez* page 56.

N° 8.

ROUTE DE LISBONNE A ALCANTARA.

Noms des relais.	Leguas ou l. esp.	Noms des relais.	Leguas ou l. esp.
Alberca	4	*Report*	27
Villafranca	2	Sobreira	3
Cartaxo	5	Salzedas	3
Santarem *	3	Castel-Branco *	3
Galesgam	3	Monforte	4
Thomar *	4	Rosmaninhal	3
Barca	3	Alcantara	3
Os Cardicos	3		
	27		46

TOPOGRAPHIE.

*Santarem, ancienne et belle ville, située partie sur une montagne et partie dans une plaine, sur le *Tage*. Elle est défendue par une citadelle dans le goût moderne. Elle possède une académie d'histoire, d'antiquités et de langue, et trois hôpitaux. Ses environs, fertiles, abondent en vin, huile et blé. Pop. 6,000 hab.

*Thomar, ville située dans une plaine riante, non loin des ruines de l'ancienne Numance. En 1752 on y fonda une académie des sciences sur le plan de celle de Paris. Pop. 3,600 hab.

*Castel-Branco, ville située sur la *Liza*, avec un évêché, est ceinte d'un double mur flanqué de sept tours et défendu par un vieux château; elle a deux églises, deux hôpitaux et une maison de charité. Pop. 5,700 hab.

*Alcantara. *Voyez* page 56.

N°. 9.

ROUTE DE LISBONNE A SÉVILLE.

Noms des relais.	Leguas ou l. esp.	Noms des relais.	Leguas ou l. esp.
Moïla	3	*Report*	30 ½
Palhola	2	Paymogo	2
Aguas de Moura	3	Santa Barbara	2
Palma	3	Cabezas-Rubias	2
Alcacer-do-Sal *	2	Calanas	2
Quinta de D. Rodrigo	3	Valverde del Camino	2
Odivelas	3	La Palma	4
Alfundao	1 ½	Manzanilla	2
Beja *	3	San-Lucar	3
Serpa	4	Séville *	3
Villanova de Ficalho	3		
	30 ½		52

TOPOGRAPHIE.

*Alcacer-do-Sal (Salacia), ville sur la rive droite du *Sado*, avec un château-fort sur un rocher, est remarquable par ses salines et son commerce en nattes, sel blanc et poissons. Pop. 2,400 hab.

Béja (Pax Julia), ville très-ancienne, avec évêque, sur le penchant d'une colline, dans une pays délicieux, est ceinte de murs flanqués de 40 tours, et défendue par un ancien fort. Elle possède une cathédrale, trois autres églises, un riche-hôpital, des restes d'antiquités remarquables et un bel aqueduc. Pop. 5,500 hab.

Séville. *Voyez* page 45.

N° 10.

ROUTE DE LISBONNE A PORTALÈGRE.

Noms des relais.	Leguas ou l. esp.	Noms des relais.	Leguas ou l. esp.
Aldea Galaga.........	2 ½	*Report.......*	20 ½
Pancas..............	2	Chancellaria.........	3
Camora.............	2	Crato +.............	3
Salvaterra..........	2	Portalègre..........	3
Ponte-Sor...........	12		
	20 ½		29 ½

TOPOGRAPHIE.

*Crato, bourg sur la rive droite de l'*Ervedal*, est ceinte de murs, et a un hôpital et un hospice. Pop. 3,000 hab.

*Portalègre, ville, siége d'un évêché, est bâtie sur une colline, et renferme une belle manufacture de draps. Pop. 6,140 habitants.

COMMUNICATION

DE PONTE-SOR A ABRANTÈS, 5 lieues.

Abrantès, ville sur la rive droite du *Tage*, est située sur un plateau couvert de jardins et d'oliviers, dans un beau climat et dans un sol très-fertile. Elle a quatre églises, un hôpital et un hospice. Elle commerce en olives, pêches exquises, melons, blé, et sert d'entrepôt à une partie des productions de l'Alem-Tejo. Population, 6,000 hab.

N° 11.

ROUTE DE LISBONNE A LAGOS.

Noms des relais.	Leguas ou l. esp.	Noms des relais.	Leguas ou l. esp.
Almada *..............	1	*Report.*.......	22 ½
Coina *..............	4 ½	Val de Santiago......	3
Setouval *..............	3	S. Martinho..........	2
Comporta..............	3	Palhota..............	3
Grandola..............	6	Monchique..........	4
Albalade..............	5	Lagos *..............	6
	22 ½		40 ½

TOPOGRAPHIE.

* ALMADA, gros bourg sur la rive gauche du *Tage*, a un ancien château-fort sur un rocher, de grands entrepôts de vin et une source d'eau minérale. Vis-à-vis Lisbonne la tour de *Saint-Sébastien* défend l'entrée du Tage. Pop. 5,000 hab.

* COINA, petit bourg dans un sol sablonneux, où l'on trouve des mines de vif-argent.

* SETOUVAL ou SETUBAL, ville bâtie sur la rive droite du *Sado*, sur un golfe qui y forme un très-beau port d'une entrée difficile à cause des bancs de sable. On y commerce en sel produit de ses nombreuses salines, vin, oranges, citrons. Pop. 4,820 hab.

* LAGOS (Lacobriga), ville située au fond d'un golfe, où il peut entrer de gros bâtiments. Le vin et les figues de son territoire sont exquis; on en fait de grandes exportations. Son port est défendu par deux forts. Pop. 3,000 hab.

COMMUNICATION

DE SAN MARTINHO A OURIQUE, 2 lieues.

TOPOGRAPHIE.

OURIQUE, bourg bâti sur une hauteur qui domine le fameux *Campo d'Ourique*, où Alphonse Ier battit les Maures en 1139. Population, 2,378 hab.

N° 12.

ROUTE DE LAGOS A AYAMONTE.

Noms des relais.	Leguas ou l. esp.	Noms des relais.	Leguas ou l. esp.
Villanova de Portimao *.	2	*Report*........	10 $\frac{1}{2}$
Albufeira *............	4	Tavira * 4..........	5
Faro *...............	4 $\frac{1}{2}$	Ayamonte *........	5
	10 $\frac{1}{2}$		20 $\frac{1}{2}$

TOPOGRAPHIE.

* VILLANOVA DE PORTIMAO, ville forte, à l'embouchure de la petite rivière de *Silves*, qui y forme un port vaste et sûr, d'une demi-lieue de long. L'entrée en est dangereuse à cause des bancs de sable mouvants ; elle est défendue par les forts de Sainte-Catherine et de Saint-Jean.

* ALBUFEIRA, gros bourg situé au fond d'un petit golfe, près la rivière de *Quarteisa*, avec un hospice ; le port, qui peut contenir les plus gros vaisseaux, est défendu par une citadelle et des batteries. Pop. 3,000 hab.

* FARO, ville située dans un pays plat, avec des fortifications modernes et un château. Elle a un port qui n'admet que des vaisseaux de 200 tonneaux. Elle est le siége d'un évêché. Elle fait un assez bon commerce en vin, sel, raisin, huile, amande, limons, oranges. Ses environs, marécageux, sont malsains. Elle souffrit beaucoup du tremblement de terre de 1755.

* TAVIRA, capitale du royaume des Algarves, dans une plaine riante et fertile, sur la *Segna*, près de son embouchure qui forme un bon port et se divise en deux parties. On y pêche beaucoup de thons et d'autres poissons. Pop. 6,000 hab.

* AYAMONTE, ville forte et bon port, à l'embouchure de la *Guadiana*, avec un château, commerce en poissons et tissus de soie. Pop. 5,500 hab.

N° 13.

ROUTE DE LISBONNE A PENICHES.

Noms des relais.	Leguas ou l. esp.	Noms des relais.	Leguas ou l. esp.
Povoa.........:.....	4	*Report*........	10
Torres-Vedras *......	3	Peniches *..........	2
Lourinha.............	3		
	10		12

TOPOGRAPHIE.

* Torres-Vedras, ancienne forteresse qui n'est plus défendue que par un château. C'est dans ses environs couverts de montagnes, que lord Wellington, dans sa première campagne, força Masséna à devancer le pays affamé à plus de 40 lieues à la ronde.

* Péniches, ville maritime, avec un bon port et une citadelle, est située dans une presqu'île environnée de rochers de tous côtés. A 2 l. sont les îles *Berlingues* ou *Berlingas*.

Cartes, manuels, relations de voyages de fraîche date.

Carte de Portugal, par le père *Placide*, revue et augmentée en 1792, par *Dezauche*, Paris.

Livres anglais. — Voyage en Portugal dans les années 1789 et 1790, traduit de l'anglais de *J. Murphi*. Paris, 1794, 4.

Livres français. — Lettres sur le Portugal, écrites par un Français établi à Lisbonne, publiées par le D. *Rouque.* Paris, an X, 12.

Livres allemands. — Bemerkungen auf einer Reise durch Frankreich, Spanien, und *vorzuglich Portugal*; von *D. Linch*, Kiel, 1800—1704, 8. (Il en a paru une traduction française, à *Paris*, chez *Levrault et Schoell*, 1804, 2 vol.)

Briefe wahrend meines Aufenthalte in England und *Portugal*, von *E. Bernard*, geb. *Gad*. Hambuig, 1802—1803, 2 vol. 8.

Livres suédois. — Nagra Anmarkningar ofver Portugal medde lade, genom Bref af *C. J. Ruders*, Stockholm, 1803, 8. (L'auteur a été aumônier d'ambassade à Lisbonne.)

FIN DE L'ITINÉRAIRE DU PORTUGAL.

TABLE DES MATIÈRES

CONTENUES

DANS L'ITINÉRAIRE D'ESPAGNE ET DU PORTUGAL.

ESPAGNE.

PREMIÈRE PARTIE.

Manière de voyager.   Page 1
État des postes, voituriers, notes instructives, et remarques
   qui intéressent les voyageurs dans leur tournée.   ib.
Piétons.   7
Tableau des poids, mesures et monnaies.   12
Tableau des villes.   16

DEUXIÈME PARTIE.

Nos.   ITINÉRAIRE DES ROUTES.

1. Route de Bayonne à Madrid, par Vittoria, Burgos et Valladolid.   23
2. — de Bayonne à Madrid, par Pampelune et Guadalaxara. 27
3. — de Burgos à Santander.   29
4. — de Bayonne à Madrid, par Aranda-de-Douro.   30
5. — de Pau à Madrid, par Saragosse et Guadalaxara.   31
6. — de Perpignan à Barcelonne.   32
7. — Idem par le chemin de la marine.   33
8. — de Barcelonne à Saragosse.   35
9. — de Perpignan à Valence.   37
10. — de Perpignan à Carthagène, par Barcelonne, Valence
    et Murcie.   40
11. — de Valence à Saragosse.   42
12. — de Madrid à Cadix, par Cordoue et Séville.   43
13. — de Madrid à Grenade.   47
14. — de Madrid à Valence.   49
15. — de Madrid à Murcie et à Carthagène.   50
16. — de Madrid à Malaga.   51
17. — de Murcie à Grenade et à Motril.   52
18. — de Madrid à Gibraltar.   53
19. — de Madrid à Tolède.   55
20. — de Badajos à Séville.   ib.

N^{os}.		Pages.
21.	Route de Salamanque à Badajoz.	56
22.	— de Madrid à Léon et Oviédo.	57
23.	— d'Oviédo à Aviles.	58
24.	— de Madrid à Santiago, par Orense.	59
25.	— de Madrid à la Corogne, par Astorga et Lugo.	61
26.	— de Lugo à Mondonedo.	63
27.	— de Madrid à Salamanque.	64

PORTUGAL.

PREMIÈRE PARTIE.

Manière de voyager.	65
Voituriers, notes instructives.	ib.
Tableau des poids, mesures et monnaies.	67
Tableau de la capitale.	69

DEUXIÈME PARTIE.

N^{os}. ITINÉRAIRE DES ROUTES.

N^{os}.		
1.	Route de Lisbonne à Oporto.	74
2.	— de Lisbonne à Madrid, par Badajoz.	77
3.	— de Coimbre à Braga.	78
4.	— d'Oporto à Tuy.	79
5.	— d'Oporto à Bragance et Miranda.	80
6.	— de Chaves à Torre de Moncorvo.	ib.
7.	— de Coimbre à Ciudad Rodrigo.	81
8.	— de Lisbonne à Alcantara.	82
9.	— de Lisbonne à Séville.	ib.
10.	— de Lisbonne à Portalègre.	83
11.	— de Lisbonne à Lagos.	84
12.	— de Lagos à Ayamonte.	85
13.	— de Lisbonne à Peniches.	ib.

FIN DE LA TABLE DES MATIÈRES.

TABLE ALPHABÉTIQUE

DES LIEUX DÉCRITS ET RELAIS

DE L'ESPAGNE ET DU PORTUGAL.

A

Abrantès.	83	Alfandao.	82
Abulaguas.	23.57	Algueria de los Frayles.	50
Adanero.	26.57	Alhama.	53
Adredas.	27	Alhendin.	52
Agbéda (douane d').	28	Alicante	40.41
Agreda.	27	Alloriz.	59
Aguas de Moura.	82	Almada.	84
Alacravizas.	77	Almadrones.	27.31
Alamera.	74	Almanza, riv.	26
Alamo.	78	Almaraz.	78
Albacete.	50	Almazan.	27.28
Albalade.	84	Almeida.	81
Albatera.	40	Alméria.	55
Albavides.	59	Almunia.	31
Alberca.	74.82	Almusafes.	40
Albuera.	55	Alturas.	80
Albufeira.	85	Andujar.	43.44
Albuquerque.	56.57	Anoa.	27
Alcacer-do-Sal.	82.83	Ansa, riv.	26
Alcala de Chisbert.	38	Ansuela.	24
Alcala de Hénarès.	28	Antequera.	51
Alcala la Réal.	47	Anticaria.	ib.
Alcantara.	56.82	Anzanigo.	31
Alcantarilla.	43	Apalasso (château).	28
Alcaraz.	37	Aquæ-Flaviæ.	80
Alcarrax.	35	Aragon (l').	28
Alcaudete.	47	Aranda-de-Douro.	30
Alcira.	40	Aranjuez.	43.44
Alcobaza.	75	Araxes, riv.	24
Alcobendas.	30	Arcos.	31
Alcoy.	40.41	Ardon.	57
Aldaba (mont).	24	Arevalo.	ib.
Aldea del Rio.	43	Arga (l'), riv.	28
Aldea Galega.	77.83	Arganda.	49
Alegria.	24	Arlanzon, riv.	25
Alfaques.	38	Arminon.	24
		Arraydos.	77
		Arrienza, riv.	24

Arroyo Molinos.	78
Astorga.	61
Asturica-Augusta,	ib.
Ataquines.	57
Ateca.	31
Atzaneda.	40
Augustin (St.).	30
Aveiro.	76
Aviles.	59
Ayamonte.	85
Ayerbe.	31

B

Bacia-Madrid.	49
Badajoz.	56,57
Baena.	51
Bababon.	30
Bañeza.	61
Banos.	23
Barbara (Santa).	82
Barbastro.	32
Barca.	82
Barcelone.	32,33,34
Barcelos.	79
Barracas.	42
Bascerra.	32
Basconcillos.	29
Batalha.	74
Baylen.	43.44
Baza.	52
Becerrea.	61
Beja.	82,83
Belga (mont de).	58
Bellegarde.	32
Belleguillo.	23
Belmonte.	50
Bembibre.	61
Benamexi.	51
Benaudalla.	52
Benavente.	57.58
Bendia.	63
Benlloch.	35
Bergara.	23
Bergidune.	32
Berlingas (îles).	86
Berlingues (îles).	ib.
Bermues.	31
Berrueta.	27

Betanzos.	60.61.62
Bezos, riv.	34
Bidassoa, riv.	24
Biesca (mont de).	58
Bigorne.	78
Bilbao.	26
Bisana (Punte de la).	61
Boveda de Castro.	56
Braga.	78.79.80
Bragance.	80
Briviesca.	23
Buenache de Alarcon.	49
Buen Retiro.	19
Buitrago.	30
Buivaens.	80
Buiza.	57
Bujalaroz.	37
Bujaralos.	35
Bujarrabal.	27.31
Burgos.	23.25

C

Cabanillas.	30
Cabanas.	55
Cabezas-Rubias.	82
Cabradilla.	56
Gadix.	16.43
Cagès (village de).	58
Calanas.	82
Calatayud.	31
Calella.	33
Calzada de Oropesa.	77
Cambrils.	37
Camin-Réal.	42
Camora.	83
Campfrano.	31
Campillos.	53
Canada (la).	43
Candasnos.	35
Candiciros.	74
Canduela.	29
Canet de Mar (village de).	33
Cangas de Onis.	59
Cangas de Tineo.	ib.
Canizo.	ib.
Cantabres (mont).	24
Caparcroso (village de).	28
Carlota (la).	43.45

Carmona.	43.45
Carneiro.	78
Carolina (la).	43.45
Carpio.	43
Carral.	60
Carrascal.	77
Carriza.	80
Cartaxo.	74.82
Carthagène.	40.41.50
Carthago Nova.	41
Casablanca.	43
Casa del Campo (maison royale).	20
Casa del Rey.	43
Casal de Pedro.	79
Casalejas.	77
Casanueva del Rey.	43
Casas del punte de Miravete.	77
Castel-Branco.	82
Castellon de la Plana.	37.38
Castel-Oli.	35
Castillejo.	30
Castillejo de Yniista.	49
Castropol.	59
Castrovite.	ib.
Caudete.	49
Celada.	23
Celorico.	81
Cetina.	31
Cervera.	35.36
Chancellaria.	83
Chao Pardo.	74
Chaves.	80
Chico.	59
Cinca (rivière de).	37
Cintronigo.	27
Ciudad-Rodrigo.	56.81
Clémente (S.).	50
Cobadonga (abbaye de).	59
Cæsar Augusta.	31.37
Coimbre.	74.75
Coina.	84
Comporta.	ib.
Coninbriga.	75
Consolation (N. S. de).	43
Cordoue.	43.44
Corduba.	44
Coria.	56
Corogne (la).	60.61.62

Cortijo de Mango Negro.	43
Corium.	56
Corvo.	74
Côte (chemin de la).	63
Crato.	83
Cubillos.	61
Cuenca.	50
Cullar.	52

D

Daroca.	42.43
Del Retamer (Santa-Crux).	77
Deveza.	78
Diable (pont du).	36
Diezma.	52
Douro, riv.	26
Durango.	24

E

Ebre, riv.	25
Ecija.	43.45
El Canizo.	77
Elche.	40.41
Elena (Santa).	43
El Frasno.	31
El Gancho.	35
El Pardo.	20
El Ronquillo.	55
Elvas.	77
Emerita Augusta.	ib.
Eo, riv.	63
Estremoz.	77
Evora.	ib.

F

Faro.	85
Félin (St-).	37
Felipe (S.).	40
Ferrol (le).	63
Fesnillo de la Fuente.	30
Figuières.	32
Fonda de S. Raphael.	57
Fraga.	55
Fraga del Codul.	ib.
Francoli, riv.	38
Fresno (mont de).	58
Fuente-de-Cantos.	55

Fuensaldagna (couvent de). 25
Fuentidueña. 49
Fluvia, riv. 33

G

Galapagar. 23.57
Galesgam. 82
Galhaño. 78
Galices. 81
Gamboa. 23
Garcillano. ib.
Gata. 56
Gaucin. 53
Getale. 55
Gibraltar. 53
Gibel-Tarif (mont de). ib.
Gijon. 58
Gineta. 50
Girone. 32.33
Golmes. 35
Gor. 52
Graganejos. 27.31
Grandola. 84
Grenade. 47.48.52
Griz. 78
Guadalaxara. 27.28.31
Guadar. 23
Guadarrama. 23.57
Guadiana, fleuve. 77
Guadiar, riv. 52
Guadiaro. 51
Guadix. 52
Guarda. 81
Guardia (la). 43.44
Guarroman. 43
Guemaraens. 78.79
Guermeces. 29
Guiloriz. 61
Gumiel de Izan. 30
Gurrea. 31

H

Hernani. 24
Hénares, torrent de. 28
Hinojosa. 27
Hostalrich. 32.33
Huesca. 32
Hused. 42

I

Igualada. 55
Ildephonse (Saint-). 19.30
Illescas. 55
Irun. 23.24

J

Jaca. 31
Jaen. 49
Jaraycejo. 77
Jativa. 40
Jean de Luz (Saint-). 23
Jean-pied-de-Port (St-). 27
Junquera (la). 32

L

Labajos. 57
Lacobriga. 84
Lagos. ib.
Lamego. 78.79
Lanz. 27
Las Vertientes. 52
Lebrilla. ib.
Leiria. 74
Léon. 57.58
Léon. (île de). 43.47
Lérida. 35.36
Lerma. 30
Llobregat, riv. 35
Lisbonne, capitale. 69
Llanes. 59
Llinas. 32
Lobosillo. 40.50
Lodarès. 27.28.31
Longares. 42
Lorca. 52
Lorqui. 50
Los Banos. 40.50
Lourinha. 85
Luarca. 59
Lucena. 51
Luganes. 58
Lugo. 61
Luisiana. 43.45

M

Maceira. 81

Madrid.	17.23.26.27.30.31.77	Montalbo.	49
Madrigalejos.	30.43.44	Montemor novo.	77
Malaga.	51	Molins de Rey.	35
Malgrat (village de).	33	Molledo.	29
Mallorquinas (la).	32.33	Moila.	82
Malniva.	52	Moral.	81
Mamouros.	78	Moraleja.	56
Manzanal.	61	Mostoles.	77.78
Manzanares.	43	Motilla del Palancar.	49
Manzanilla.	82	Motril.	52
Maqueda.	77	Mudela (Santa-Crux de).	43
Marbella.	52	Muela.	31
Marcilla.	27	Muga, riv.	32
Maria.	42	Murcella.	81
Maria de Arunz (Santa).	34	Murcie.	40.41.50
Maria de la Nieva (Santa).	23	Murgis.	53
Maria del mar (Sta), village.	33	Murviedro.	37.39.42
Marinha (verrerie de).	74		
Marta (Santa).	55.78	**N**	
Martinho (S.).	84	Navalmoral.	77
Martorell.	35	Nova de Coca.	23
Mataro.	34	Novalcarnero.	77
Maya.	27	Novallo.	59
Maynar.	42	Noya , riv.	36
Mayor (ponte).	33	Nules.	37
Mayrena.	43		
Medina del Campo.	57	**O**	
Membrio.	56		
Mérida.	77	Ocaña.	43.44
Miajadas.	ib.	Occa (mont d').	24
Mijares.	39	Odivelas.	82
Minaya.	50	Olivares.	49
Minglanilla.	49	Olmédo.	23
Miuho.	61	Onrubia.	30
Miranda, Portugal.	80	Ontanaya.	50
Miranda, riv.	63	Onteiro.	80
Miranda de Ebro.	23.24	Oporto.	74.75
Mirande , riv.	59	Oran.	43
Mirandella.	80.81	Orcelis.	41
Monasterio.	23.25.55	Orense.	59.60
Monbuey.	59	Oria , riv.	23
Moncada.	32	Orihuéla.	40.41
Moncade.	33.34	Oropesa.	37.77
Monchique.	84	Osca.	32
Mondenedo.	63	Os Cardicos.	82
Mondragon.	23	Osera.	35
Monforte.	80.82	Ostariz.	27
Monréol.	31	Ostiz.	27
Mons-Calpe (rocher de).	53	Osuna.	53

Otévo. 23
Otriz. 27
Ourique. 84
Oviédo. 57.58.59
Oyarzun. 23

P

Padul. 52
Palencia , riv. 42
Palhola. 82
Palhota. 84
Palma (la). 82
Pampelune. 27
Pancorvo (chaîne). 25
Pancas. 83
Pardieiros. 80
Paulo. 60
Pax Julia. 83
Payares. 57
Paymogo. 82
Pedreira. 74
Penadella. 35
Peniches. 85.86
Peniscola. 37.38
Pente de Lapiehe. 43
Perales. 49
Perello. 37
Pertuis (pont de). 32
Pierre de Villanosa (Saint-) (monastère de). 59
Pinas del Valle. 52
Pineda. 33
Pinheiro. 74
Pinor. 59
Pinos Punte. 47
Pinzio. 81
Pombal. 74.75
Poncorvo. 23
Ponte de Lima. 79
Ponte-Sor. 83
Ponte-Vedra. 60
Ponto Novo. 79
Porcuna. 51
Portacillo. 28
Portalègre. 83
Porte del Retamar. 23.57
Portezuelo. 59
Poso de la Pena. 50

Povoa. 85
Pozo Blanco (lac). 25
Pozo Negro (lac). ib.
Pregones. 77
Puebla. 24.37
Puebla de Alfindin. 35
Puebla de Arganzon. 23
Puebla de Sanabria. 59
Puebla de Valverde. 42
Puerto de Santa Cruz. 77
Puerto de la Losilla. 50
Puerto de Mala muger. ib.
Puerto de Sainte-Marie. 43

Q

Quinta de D. Rodrigo. 82

R

Rambla (la). 40
Redinha. 74
Remesal. 59
Requejo. ib.
Requena. 49
Reus. 37.38
Reygosa. 63
Reynosa. 29
Riba. 59
Ribadéo. ib.
Rio Palencia (vallée de). 42
Riotorto. 80
Robla (la). 57
Robleda. 56
Roda (la). 50
Romera (la). 31
Ronda. 53
Roque (S.). ib.
Rosmaninhal. 82
Rubierca. 31
Rueda. 57
Ruitalon. 61

S

Sabujoza. 78
Saelices. 49
Salacia. 83
Salamanque. 64

Salinas.	23	Tarragone.	37.38
Salvaterra.	83	Tavira.	85
Salzedas.	82	Templeque.	43.44
Sanabria (lac de).	61	Ter, riv.	33
San Andria.	34	Teruel.	42
San Felin.	35	Thomar.	82
San Fernando (draps de).	28	Tigarro.	74
San Joao de Madeira.	74	Tobarra.	50
San Lucar.	82	Tolède.	55
San Martorell.	36	Tolosa.	23.24
San Seloni.	32.33	Toro.	64
Santander, ville.	29	Toral.	57
Santa Olalla.	55	Tordera, riv.	33
Santarem.	82	Tordesillas.	57.58
Santiago.	59.60	Torijo.	27.31
Santillana.	29	Torreblanco.	37
Santiponce.	55	Torre de Moncorvo.	80.81
Saragosse,	31,35.37.42	Torre den Barra.	37
Sarracin.	30	Torre de Orcas.	43
Sarrion.	42	Torrejon.	31
Saucejo.	53	Torrejon de Ardos.	28
Sebastien (Saint-).	24	Torre la Vega.	29
Segorbe.	42	Torre-Lobaton.	58
Ségovie.	23.26	Torremocha.	27.31
Segre, riv.	36	Torrequemada.	23
Senhor Jesus do Monte (sanctuaire de).	79	Torres Vedras.	85.86
		Torre Ximeno.	47
Seralbo.	77	Torrubia.	50
Serpa.	82	Tortose.	37.38
Serrat (mont).	36	Totana.	52
Setouval.	84	Truxillo.	77.78
Seu d'Urgel, forteresse.	36	Tuerto, riv.	61
Séville,	43.45.55.56.82	Tuy.	61.79
Sierra de Guadelupe (mont de).	78		
		U	
Sierra de Pesal (mont de).	58	Ubeda.	49
Sitrama.	59	Uldecona.	37
Sobrado.	61	Urgel (plaine d').	36
Sobreira.	82	Uriate.	23
Solgueyro.	61	Urnieta.	ib.
Somosierra.	30	Urumia.	24
		Utiel.	49
T		Utrera.	47
Tafalla.	27.28	**V**	
Talaveyra de la Reyna,	77.78		
Tamames.	56	Valdepenas.	43
Tarancon.	49	Valdemoro.	ib.
Tardera, riv.	33	Val de Santiago.	84

Valdomar.	61	Villagrasa.	35
Valence.	37.39.49	Villaharta.	43.44
Valencia.	79	Villalgordo de Cabiel.	49
Valearse.	62	Villalpando del Molar.	57
Valladolid.	23.25	Villanuevada de la Gesta.	56
Vallirana.	37	Villanova.	80
Valmojado.	77.78	Villanova de Ficalho.	82
Valsequillas.	23	Villanova de Portimao.	85
Valtierra.	27.28	Villaodrigo.	23
Valverde.	49	Villapanca.	37
Valverde del camino.	82	Villaquexida.	57
Vega.	57	Villardao.	80
Vega de Tera.	59	Villar de Frades.	57
Vega de Valdetroneos.	57	Villar de Saz.	49
Velez el Rubio.	52	Villaréal.	23
Vendas Novas.	77	Villa Réal.	39
Vendrell.	37	Villarquemada.	42
Venta de Buñol.	49	Villartao.	80
Venta de Cardenas.	43	Vimiosa.	ib.
Venta de Guilana.	55	Vinaroz.	37.38
Venta de la Guia.	77	Vinhaes.	80
Venta de la Portuguesa.	43	Viseu.	78.79
Venta de Léon.	31	Visillo.	43
Venta de los Ajos.	37	Vittoria.	23.24
Venta de Meco.	27.31	Vouga.	74
Venta de Noceda.	61	Vua (riv. de).	59
Venta de Poyo.	49		
Venta del Duque.	77	**X**	
Venta del Rio.	52		
Venta de Viñeta.	50	Xarama, riv.	28
Venta de Santa Lucia.	35	Xeres de la Frontera.	43
Venta de Trigueros.	23	Xixona.	40.41
Venta Nueva.	50		
Vérin.	59	**Z**	
Vigo.	61	Zafra.	55.56
Vigogne (draps de).	28	Zamajon.	27
Villacastin.	57	Zamora.	64
Villa Cortes.	81	Zarza.	56
Villaflor.	80	Zerica.	42
Villafranca.	23.42.62.74.82	Ziezar.	50
Villafranca de Vierzo.	61	Zuera.	31

FIN.

www.ingramcontent.com/pod-product-compliance
Lightning Source LLC
Chambersburg PA
CBHW052138090426
42741CB00009B/2130